maranath Ellareddy Brian Elliot Sally Elliott Dustin Ellis Sean Ellis Easton Ellsworth Michael Ellyatt gregory elmiger rw emeigh Dale Emerson Mia Encarnacion
Matthew Englehart Michaelian Ennis Nelson Enojo Cindy Entriken Kiran Epari Steve Epner David Epstein steve epstein Pablo Erat Zoli Erdos Alexandra Eremia
had Ergun Victoria Erhart John Erickson anthony j. ernst Norman Ernst Jim Eromin Kevin Ertell Rico Escalante Dave Esler Alfred Essa robert esser jr. Lauren Esslinger
Michael Estes Gordon Ettie jeremy ettinghausen Antoine Eustache Antoine Eustache Ben Evans Glenn Evans John Evans Lilly Evans Lilly Evans Philip Evans Roger Evans
Jathan Everett Pamela Evers Larry Everson Max Evett Andy F gianandrea facchini Brian Fadel Peter Fader Mohammed Faifi Antonio Faill... ...d Falber
Dietrich Falkenthal Amy Fandrei Chiris Fanini Joranda Fannin William Farahcz Tássilu Faria Timothy Farn... ...ant Fawcett
ustin Fawson Mark Fedorov Hank Feeser Stephen Fefferman eleanor feit John Felan Rich... ...n Marcelo
ernandes David Fernandez Oliver Fernandez Rolly Ferolino Jim Ferrans Margaret Ferrar... ...ielder
live Findlay Charles Fine michal fineman Barbara Finer Tim Finin Shane Finlay fatima f... ...r Roger Fischer
hira Fischer Daniel Fischmar Guy Fish Denise Fisher Donald Fisher Jackie Fisher Teddi F... ...ibbon
herry Fitzmaurice Bob Fitzpatrick Christine Fitzpatrick Sebastian Fixson Sara Flaherty da... ...e Fleming
dam Fletcher Chris Fletcher Rob Flickenger Keely Flint Chris Flohre Scott Flora Mónica... ...Terence (Terry)
lynn Brad Focht Philip Foeckler Mat Fogarty Tom Fogarty Jay Fogelman Kevin Foley R... ...t forcino
ric Ford Daniel Forester Mark Fortier ronald fortune Sarah Foster Mark Fournier Melani... ...Tim France
ames Francey Marcelo Franco Linda Frank Steve Frank Marc Frankel John Franklin Carl F... ...s Fredriksson
obert Freed David Freedman Mary Freeman Terry Freeman Mark Freiheit Josue Freitas ... ...Kelly Frey
u friedman jim fries Bertrand Friot frombegin frombegin Douglas Frosst Andy Frost Gra... ...Fuller Mary Ellen
ullhart James Fulop Mei Lin Fung Bob Furst Roberta Fusaro Chris Fusco Grzegorz Futa ... ...oysius Gabriel
ony Gabriel Chiristine Gaca Gary Gaddy Chris Gadient Nikhil Gadre Dan Gagne Pierre G... ...gnon Jay Gaines Michael Gaio Ashok Gairola Oliver Gajda
niket Gajendragadkar Creative Gal Emi Gal manuel galas Diane Galbraith Marc Galin gerald Gallagher Chris Galloway James Gamage Priyanka Gambhir
ulia Gamburg ellen gamerman Sunita Ganesan Deepjyoti Ganguly Robi Ganguly Stuart Gannes maisie ganzler Avtandil Garakanidze Juan Bau Garcia Linda Garcia
Maria Garcia Martin Garcia Daniel Garcia De Weert Igor Garcia Olaizola Miguel Garcia-Gosalvez Adrian Gardiner Michelle Gardner Manish Garg Kiran Garimella
Mia Garlick Spencer Garner Norman Garrett Rosalie Garrett Lucy Garrick Eric Garulay Erica Garvey Jerry Gasche Scott Gast Michael Gat Steven Gates Gina Gaudio-
Graves Saurabh Gautam Marina Gavrilova Eugene Gaysinskiy Joseph Geary Dorit Geifman Jeff Geiser Christi Gell David Gelman Richard Gentry Samuel George
ean Georges Ed Geraghty Marla Gerein Lorne Gerlach Scott Germaise John Gerome Joe Gerstandt Mac Gerstein John Gerstner Hans Gerwitz Mary Ghikas salil ghosh
ayan ghosh MICHAEL GIANNAKIS Philip Gibbs Paul Gibler Deborah Gibson George Gibson George Gibson Stuart Gibson William Gienke Fabio Giglietto Lisa Gilbert
ob Gilbreath Harold Gill Shoaib Gill Jay Gillan Kathy Gillen craig gillespie Peter Gillespie Thomas Gilmartin Jr. Matthew Gilmore Bryan Gilpin Kathleen Gilroy
Henner Gimpel Gail Ginther Ricardo Gioia Tanya Giovacchini Angela Githuthu Elizabeth Giuliani Amrithaa GK Gerry Gleason gustavo glibota Elizabeth Glick
Whitney Glockner Peter Gloor Suzann Gobis Frederic Godart Javier Godoy Abhinav Goel Anuj Goel deepak goel Andreas Goeldi Mike Goetter Jarrett Goetz
Thomas Goetz Kathe Gogolewski Eric Goh Pierre GOIRAND A. Nesrin Goker YVONNE GOLASZEWSKI Alex Golberg Anna Gold Alon Goldberg Jeff Goldberg
Carole Goldin Graham Golding Arnie Goldman Kyle Goldman Laurie Goldman Mort Goldman Deborah Goldring Eli Goldstein Jonathan Goldstein Garlos Gomes
uan Carlos Gomez Sanchez Amelita Gonzales Alberto Gonzalez Jose-Gregorio Gonzalez Martin Gonzalez Nestor Gonzalez Reynald Gonzalez Carlos Gonález Mozuelos
oann Gonzalez-Major Gustavo Gonzalez-Sanchez John Gooden ienny goodman arnold goodwin liz gooster Devika Gopal Sri Gopalan Jean Gora Nikolai Gorchilov
ennifer Gordon Jonathan Gordon-Till Jill Gorman Rick Gormley Anuj Gosalia francois gossieaux Mike Gotta Linda Gottschalk Tasi Gottschilag Paul Goulding
ascal Goursaud Cristina Gouveia Phillip Graber Graver Mark Grabowski Andreas Graef Jay Graff Ann Graham CHARLES B. GRAMP Suresh Grandhi Alan Grant
Christopher Grant robert grant David Granville Ellwood Gray Joe Greco Bradly Green Charles Green Denise Green Paul Greenberg John Greene jean greenland
Howard Greenstein Toni Greenwell Lewis Greer Hal Gregersen andrea gregoris John Gregory Storm Gregory Ami Gretz Hugh Grey Jennifer Greiling Matt Griffin
Andrew Griffths Kathie Grigg Jennifer Griggs Dan Grigorovici Catherine Grimes Jeff Grimshaw Gregory Grinberg Brian Grinder Francesca Grippa Jerrold Grochow
Daniel Gronowski Steffi Groppe Char Lyn Grujoski Lisa Grunberger Bin Gu Sudhakar Gudlannagari Ingrid Gureea-Lopez Daniel Guerrero Esteban Guerrero
PAUL GUETTER deepanjan guha Richard Guha Didier Peter Guillemard Hardeep Gulati daniel gullett Mohan Gundu Dale Gundy eileen gunn Paul Gunther
Robert Gunther Debbie Gunzelman Ching Guo Amit Gupta anu gupta Arun Gupta Ashish Gupta Kalyan Gupta Malvika Gupta Priya Gupta Sachin Gupta
Sandeep Gupta SAURABH GUPTA Sumit Gupta Sutaj Gupta Uma Gupta Varun Gupta Vivek Gupta Gouri Gupte Janet Guptill Grzegorz Gurgur Edward Gurowitz
Santhosh Guru Santosh Gurubasannavar Alex Gururajan Muthuraj Guruswamy Ellina Gurvits John Gutheli Francisco Gutierrez Sergio Gutiérrez Jose Guzman
Ronald Guzman steve guzman Rick Guzzo Hans Henrick H. Heming Thomas Haadsma Vanessa Haakenson Michael Hackard Lee Hadaway Wilson Haddow Andrew Haeg
Carolin Haeussler Leigh Hafrey chris hagenbuch Elisabeth Hager Jesse Hager Jaafer Haidar Jan Haig cyril haiou Aric Haley jay haley Teddy Halim George Halkias
Janet Hall Melvin Hall Su Hallenbeck susan halligan Erika Halloran Erika Halloran Richard Halloran erika2 Halloran2 Andrew Hallowell Bob Halperin Myles Halsband
Edvard Halupa Michael Hamer Jo Hamill Scott Hamilton Kalilya Hamlin Steven Hammersly Brett Hammond James Hampton Sherif Hanala Pablo Handler Carl Hanks
Mike Hanlon Neal Hannon Deren Hansen Garron Hansen Mark Hanson Wayne Hao Charles Harbour michelle hardy Rob Hardy Richard Hare Amanda Hargis
miguel harik benitez Peter Harkes Chris Harley-Martin Richard Harmer Rainer Harms Grady Harp Stephen Harper Steve Harrell Marti Harrington Mary Harrington
Casey Harris Jason Harris Laura Harris BRUCE HARRISON Chad Harrison Suzanne Harrison Jean Hart riad hartani Timothy Hartge Merle Harton Jamal Hashim
Shimon Hason tim hassed Hunter Hastings Patrice Hatcher Emmanuel Haton Frances Haugen Matthew Haugh tom haughton Sascha Häusler Robert Hawkins
David Hawthorne michael hawtin Claudio Hayashi yoshito hayashi Marguerite Hayden Charlene Moore Hayes Heidi Hayes Annie Miu Hayward Bruce Hazard
Isaac Hazard Norm Healey Bruce Hecht Rich Hecker William Hederman Kathryn Hedgepeth Alan Heffner Arnold Heggestad Mia Hegnhøj Gregory Heim
Christine Heinsohn Matthew Helbig Tamara Helenius Elaine Helle Wolfgang Heller Thomas Hemingway Jay Hemmady Colin Henderson Lee Henderson
Patricia Henderson Ronald Lee Henderson Vani Henderson Brad Hendricks Neal Hendrickson Laurie Henneborn Rob Hennigar Mark Henricks bob henry richard henry
Paul Hensel David Henson Quinn Heraty daniel herb scott herman William Hermanek Antti Hermunen Ania Hernandez LEOVINO HERNANDEZ Manny Hernandez
Michael Hernandez Xavier Hernandez Leanne Herne Carlos Herreros Ann Herrmann Robert Hess Reid Hester Alex Hewitt Gregory Hewko Greg Heyes Karen Hibbard
Martin Hickey James Hicks Diego Hidalgo Jose Luis Hidalgo Carrie Higbie Craig Higdon jeremy hight Alexander Hill cindy hill Graham Hill TRACY HILL Rob Hillard
Steve Hiltunen Peter Himler Patrick Hindert dwight hines Pete Hines James Hipps Ronald Hirasawa Takashi Hirayama Arnold Hirshon Jason Hitchings Penny Hix
Angie Ho Andi Hobsbawm Jonathan Hochman Rasmus Hoejengaard Eric Hoffer bruce hogge Ethan Holland claire hollenbeck William J. Holliman Anthony Hollingworth
Ronald L. Hollis Devin Holloway stephen holmberg Arryl Holms Clive Holtham Jim Holub Lior Homen Ken Honeycutt Jacky Hood Kathryn Hood Linda Hoopes
Anne Hopkins Keith Hopper Robert Horan Andrew Horberry Andrew Horesh David Hormik Robert Hornsby David Horowitz Michael Horsch Fizz Mark Horsley
Brent Horst Nemat Hossieny Michael Hostetler Douglas Hough Jeff Howard Carolyn Howard-Johnson katy howell Charles Howitt Terry Hrynyshyn Aliku Hsiao
Cynthia hsieh peihua hsieh Alina Hsu Christine Hsu Francis Hsu Jeffrey Hsu Ricky Hsu jeffrey hu Xingcheng Hua Bruce Huang Daniel Huang David Huang Stan Huang
Zeke Huang Jackie Huba Don Huesman Karen Huffman Hugh Hughes Michael Hughes Sharon Hughes erwan huhardeaux H. S. Huhta Niels Hundahi Joseph Hunkins
Chuck Hunt Alivia Hunter Steven Hunter Phil Hupfer Pam Hurley Tim Hutchinson Rebecca Eun Young Hwang Renae Hwang Seong Yong Hwang Youngmin Hwang
Christopher Iannuccilli Mamane IBRAHIM Masiar Ighani NDUBUISI RICHARD IKEDIASHI Nazeeruddin Ikram ferhat ilhan ron immink Peter Indelicato CBR India
George Infante Lawrence Ingalls Ingersoll John Inglis Mathew Ingram Bradley Inman Motoko Inoue Coyote inquiet Viorel Iordache ion iovu adrian ipkins Iñigo Irizar
Arcelus Eitan Iron Gayle Irvin Jim Isaak Peter Isackson Shinobu Ishizuka Shariful Islam John Isley Greg Iszier Julen Iturbe-Ormaetxe Dmitri Ivanov Dmitri Ivanov
Bill Ives Carl Ivey Ming Ivory Manu Iyer Pradhu Iyer Sunil Iyer Jacques Izard jeff jack Peter Wakefield Jackson Toby Jackson Bart Jacob Bruno Jacob Mathew Jacob
Dr Jack Jacoby martin Jaehn Adil Jafry Mohit Jaggi Kenny Jahng Amit Jain Ashley Jain Komal Jain Sachin Jain Sandeep Jain Vaibhav jain YOGESH JAIN
Jevebndra jaiswal Nurzalina Jamaluddin Dustin James Joseph James Sami Jan William Jankel Rene Jansen Jan-Willem Janssen Jean-Christophe Jardinier Leslie Jarmon
Stephanie Jarrell Saleem Javaid Hoda Jawad James Jaworowicz Dinakar Jayarajan Bhaskar Jayaraman bryon jc Kathleen Jefferis joe jeffries Brian Jelley Debs Jenkins
Leignton Jenkins Jon Jennett Judy Jennings David Jensen Paul Jensen Avinash Jhangiani ALMA RITA JIMENEZ Hector Jose Jimenez Vargas vivek jindgar Praew Jitjuajun
kjefn jkhjk Kal Joffres T Johanix earl johannaber Brijesh John Robert Johnsen andrew Johnson Arik Johnson Bennett J. Johnson Denise Johnson Donald Johnson
Garold Johnson Geoff Johnson Jennifer Johnson John Marshall Johnson Jonathan Johnson Katrina Johnson Larry Johnson Mark Johnson Mike Johnson Richard Johnson
Tim Johnson david jhave johnston Ken Johnston Vinary Jokare Hylton Jolliffe Anne Jones Bobby Jones David Jones DeDe Jones Gary Jones Janet Jones Jason Jones
Kim Jones Mary Jones Michael Jones Pepper Jones Russell Jones Stewart Jones Tim Jones Kristin Jordan Paul Jorion Andrew Joscelyne Gustaf Josefsson Georgia Joseph
Rodlyn Joseph Amol Joshi Mil Joshi Neil Joshi Tejas Joshi Parimal Joshipura Jay Joslin jeremi joslin Alain Jourdier Hadi Jouyandeh Alana Joyce Alexandre Joyce
Steve Joice Susan Joyce YF Juan manuel julio Marco Aurelio Julio Nitin Julka Shravan Jumani INHWAN JUNG Yvette Justice shaji k Houeida K. Anouar Sachin Kadam
Dominic Kaeslin sam Kafando rutger kahn Michal Kainan-Koren Bill Kaiser Wes Kalbfleisch Mohammed Kaleemuddin Russell Kallman s kalyanaraman Sandeep Kamath
Subrahmanyam (Subbu) Kambhampati David Kamien Amar Kanade Chipupu Kandeke Bob Kane Darilyn Kane Gerald Kane Marie Kane mark kane Dohyoung Kang
Hyun Ook Kang Parm Kang Richard Kang Ramu Kannappan Shashi Kant ilteris kaplan Michael Kaplan Peter Kaplan Ajit Kapoor Amit Kapur Kishore Karani
Tamilarasan Karapiah Anand Karasi Michelle Karczeski Brian Kardon ILGAR KARIMOV benedict kariuki Joakim Karlsson Raman Karol Kenneth Karpay Tony Karrer
Eric Karsten Hendrawan Kartika Rajeev Karwal Abdul Kasim Stavros Katsios Heidi Katz Karen Katz Eric Kaufmann gwen kautz Katherine Kawamoto
Noritake Kawashima David Kay Gareth Kay Bob Kazmarowski Sara Keating Akshat Kedia Heather Keegan mike keesey Karen Keeter Joseph Kehoe Thomas Kehoe
John Kellden Thomas Kellerman Patrick Gage Kelley Rick Kelley lois kelly Michael Kelly Molly Kelly Eckhard Kemmerer Tom Kendrick Nimesh Kenia David Kennan
Byron Kennedy Dion Kenney Robert Kenny Rafael Kenski Gabriel Kent Mike Kenworthy sultan kermally Julien kervella Cecelia Kessler Steve Key Tracey Keys
Stephanie keyser Craig Keyworth Vinayak Khadye Shagufta Khalil Riaz Khan Zaheer Khan Vyom Khandelia Nitin Khanna Dipankar Khasnabish Sandy Khaud
Mehnaz Khebar Nader KHedr Boris Khodorkovsky Paul Kidder Allene Kieff Rick Kiley Vida Killian Esko Kilpi abe kim David Kim Hyun Jong Kim Jae Yeon KIM
Min Kim Sang Kim YaeRi Kim younju kim JEFFREY KIMBALL William Kimberly Kevin Kimiak Colleen Kindelin Mary Lee Kingsley Matthew Kinney Carol J Kirk
David Kirkpatrick Aron Kirschner alex kirtland Joel Kirvijn Susan Kish Stephen Kiwanuka-Kunsa kjh kjh Harry Klein SJ Klein Ira Kleinberg art kleiner Torben Klitgaard
Andrew Kluth Dennis Kmiec Anthony Knap James Knapp Jeff Knieriem Jerry Knoll Jayne Knoop christian Knothe Susan Knowles Cris Kobryn Bujar Kocani
Brad Koch Vivekanand Kochikar Viswanathan Kodaganallur KM Koenen Walter Koepsell David Kofol gamba kohavi Gregory Kohs Aavo Kokk Leonard Kolada
Craig Kolberg Kazumi Komine Kashyap Kompella Miyuki Komuro Deng Kong Meng Paul Konnersman Dave Konopka maarten koomans Luda Kopeikina
Heiner Koppermann Yaron Koren Christian Korff Antti Korhonen diana kornbrot Nancy Korpela pete kosa Vadim Kosachev Paul Kosempel mathew koshy
Joseph Koskey Tiffany Kosoicharoen Vlatko Kotevski Pradeep Koti Thathachari Saroj Koul George Kouleris Terri Kowalchuk Kevin koym Derek Kozel Bonnie Krabbenhoft
Ed Krajcir Mark Krajewski David Kram Steve Krattiger Jeffrey Krause Greg Krauska Rosa Krausz Scott Krauthamer Ana Kreacic-Lekovic Kevin Kreitman
Kathryn Krenn Matthew Krieger Ashok Krish Abinesh Krishan anand krishnamoorthy shankar krishnan Vijaya krishnan Jesper Krogstrup patrick Kroner David Kronfeld
Joseph Krueger john Kruper Agnieszka Kizeminska Piotr Kubiaczyk Sean Kubin Michael Kugler John Kuijpers Eugene Kujawa Bernd Kulawik Chaitanya Kelkarni
manish kulkarni Nirupama Kulkarni Linda Kulp Ashish Kumar Dinesh Kumar Jitender Kumar Kamlesh Kumar Krishna Kumar Kumar Kumar Lokesh Kumar
Namith Kumar NIRAJ KUMAR Raj Kumar Sandeep Kumar Shiva Kumar Uplaksh Kumar Vilasini Kumar Vicki Kung Abhijeet Kunte Allen Kupetz Takahiro Kurachi
Mark Kurtz Priti Kurtz Monika Kurzawa Abhilash Kushwaha Olha Kutsevych Joshua Kutticherry Kazumi Kuwahara Kyle Kuypers Subrahmanyam KVJ
Beth L mike l Sivalingam L David L. Smith

クラウドソーシング

“We are SMARTER Than ME
How to Unleash the **Power** of **Crowds** in Your Business

世界の隠れた才能をあなたのビジネスに活かす方法

BARRY LIBERT & JON SPECTOR
and THOUSANDS OF CONTRIBUTORS
バリー・リバート、ジョン・スペクターほか●著
Foreword By DON TAPSCOTT, Co-Author of *WIKINOMICS*
ドン・タプスコット[『ウィキノミクス』共著者]●序文
野津智子●訳

英治出版

WE ARE SMARTER THAN ME

How To Unleash The Power of Crowds in Your Business

by

Barry Libert & Jon Spector & Don Tapscott

Publishing as Wharton School Publishing
Upper Saddle River, New Jersey 07458
Japanese translation rights arranged with
PEARSON EDUCATION, INC.,
publishing as Wharton School Publishing
through Japan UNI Agency, Inc., Tokyo.

クラウドソーシング

[crowdsourcing]

インターネット等を通じ、社外の不特定多数の人々に対してアウトソーシングを行うこと。知的生産力やコンテンツなどを、多数の人々から調達・集約し、事業成果を得ることを目的にしている。

はじめに

『ウィキノミクス』著者　ドン・タプスコット

多くの人が、ソーシャル・ネットワーキング[1]の「社会的《ソーシャル》な」側面を重視している。マイスペース[2]の会員数は、もともとの2億人から毎週200万人が新たに登録し、今や5億人に達しようという勢いだ。フェイスブック[3]にはアメリカの大半の大学生が登録している。新しいブログも続々と立ち上げられ、セカンド・ライフ[4]と呼ばれるバーチャル・コミュニティには100万人以上のアバター[5]が生活する。

しかし聡明なリーダーたちは気づいている。ソーシャル・ネットワーキングという言葉に関して意義深いのは、「ワーキング（動いている・役に立つ）」のほうだ、と。実のところ、今まさに生み出されつつあるのは、新しい生産方式にほかならないのである。

今や、ソーシャル・ネットワーキングやマス・コラボレーション[6]を通じてウィキペディア[7]のような百科事典をつくれるようになったわけだが、ほかにはどんなことができるだろう。リナックスのようなOSや、シュガーCRM（12万5000を数えるオープンソースのアプリケーション開発の1つ）のようなアプリケーションソフトはどうだろう。あるいは、マーケトクラシーのような投資信託や、ゾーパのようなピアツーピア（P2P）[8]の融資システムや、スレッドレス・ドットコムのようなTシャツのサイトはどうだろう。第41回スーパーボウル（2007年開催）の観戦者が目にしたドリトス[9]の広告は、顧客がインターネット上で

1）「人と人とのつながり」をインターネット上で構築するサービス。ソーシャル・ネットワーキング・サービス(SNS)、ソーシャル・ネットワーキング・サイトとも言う。

2）世界最大のコミュニティサイト。2003年の開始以来、現在、世界で最も人気のあるサイトの1つになっている。参加にあたっては、招待制をとっておらず、誰でもサイトから登録することができる。

3）アメリカの学生向けにサービス展開されていたコミュニティサイト。現在は、一般にも開放されている。

4）リンデン・ラボ社が開発した、インターネット上の3D仮想世界。

5）インターネット上のコミュニケーションで用いる、自分の分身となるキャラクター。またはそのサービスの名称。アニメのようなキャラクターを用いることが多い。

6）多くの人が独立しながらある単一のプロジェクトのためにそれぞれ機能する、集団行動の1つの形態。

7）誰もが無料で自由に編集できるインターネット上の百科事典。ウィキメディア財団が運営し、世界各国の言語で展開されている。

つくり、選んだものだった。ことによると、バイクのような形ある複雑な商品も同様かもしれない。中国のバイク産業は今や世界最大だが、ハーレーダビッドソン社のような背後で業界を束ねる企業が1社もないまま、部品メーカーのネットワークが広範に広がっているのだ。あるいは、世界でもとくに複雑な製品の1つ、次世代のジャンボジェットはどうだろう。ボーイング社は、苦労してサプライチェーンを構築するより、むしろ世界中の数千のパートナーとともに、「仲間」重視の斬新なエコシステムで、ドリームライナー[10]を共同開発したのである。

こうした新しいコラボレーションの世界においては、「仲間」たちは力を合わせ、従来型企業という城の外で価値を生み出すことが少なくない。

最たる例が、消費材の巨大企業、プロクター・アンド・ギャンブル社（P&G）だ。長いあいだ秘密主義で悪名高かったP&Gは、業績が悪化し、2000年には株が急落した。そこで、新たにCEOに就任したA・G・ラフレーは意欲あふれる作戦を展開し、革新的なアイデアの50パーセントを社外から募ることによって、みごと業績を回復した。今日では、斬新なアイデアを探すのに、同社はイノセンティブ[11]やナインシグマ[12]やイェットツー・コム[13]などインターネットを基盤とする市場を活用している。革新的なアイデアを売るそうしたいわばオークションサイトのおかげで、数百もの新製品が生み出され、なかには爆発的なヒットになったものもあった。株が暴落して5年、P&Gは株価が2倍になり、22ものビリオンダラー・ブランドを擁する製品ポートフォリオを誇るまでになっている。

8）不特定多数のコンピュータが、サーバー、クライアントの区別なく、相互に接続されているネットワーク形態。

9）スナック菓子の名称北米シェア大手のフリトレーが製造販売を行う。

10）ボーイング社が開発している次世代型中型旅客機。正式には、ボーイング787ドリームライナー。

11）研究開発課題を抱える世界の一流企業と、その研究を専門とする科学者たちを結ぶ、ウェブベースのコミュニティ。最も優れた提案を行った者には、報奨金を与える。

12）社外の力を活かしたイノベーションを求める企業と研究者のマッチングを行うサイト。

13）知的財産権を取引できるサイト。

同じころ、金鉱山会社のゴールドコープ社も同様の苦境に陥っていた。地質担当者たちは産出量の減っている鉱山にまだ金があるのかどうか判断できず、会社は倒産の危機に瀕していた。そこでCEOのロブ・マキューアンは、業界では前代未聞の行動に出た。会社が秘密にしつづけてきた地質データをウェブ上で公開し、所有する鉱山で金を見つけるのに誰かの知恵を借りられないか見きわめようとしたのである。77の案が世界中から寄せられたが、なかにはゴールドコープが聞いたこともない専門技術や科学技術を使うものもあった。賞金50万ドルと引き換えに、ゴールドコープは30億ドル以上の金を発見し、株価も数倍に跳ね上がった。情報を公開し、コラボレートすることによって、ゴールドコープの株主たちはたいへんな利益を手にしたのだった。

しかし、想像に難くないことだが、過去に例のない斬新な生産方式は混乱と戸惑いを生み出すものだ。冷淡さや、あるいはもっと悪い感情を、すなわちあからさまな嘲りや敵意をもって受けとめられることもしばしばである。既得権益が変化と相容れることはなく、保守的なリーダーが新しいものを受け入れることもなかなかない。また、懸念を口にする人々もいる。個人が才能を出し合って無料で使えるものを生み出せば、所有権を有する市場の商品と張り合うことになる。そんな世の中になったら知識を生み出す意欲が萎えるのでは、と。ビル・ゲイツら頭の良い人々は、どのような形であれ相当数の科学的・文化的コンテンツを含む世界規模の「クリエイティブ・コモンズ[14]」を推し進めるなら、資本主義は崩壊する、と論じている。そうした巨大なコミュニティや新たなビジネスモデルは、利益を生む経済活動の範囲を狭めさせるのでは、と不安に思っているのである。

14）スタンフォード大学のローレンス・レッシグ教授が提唱した著作権の新しいライセンス方法。知的財産権の保護を図りながら、さまざまな創作活動を企図して著作物を積極的に流通させることを目的とする。

それは違う、と本書で取り上げられる実例は述べている。世界各地の10億人を超える人々が、ブロードバンドのマルチメディアを用いた新たな人間同士のコミュニケーション手段によって結びつくようになり、コラボレーションやチームワークがビジネス界で成功する最大の要因になってきている。企業はサプライヤーや顧客とつながって、情報を共有し、新しいやり方を取り入れ、行動することによって、競争相手を凌ぐようになりつつある。賢明な企業はどの業界においても、個人やクラウド（群衆）の英知と能力を活用することによって、境界の内外を問わず力強く成長するようになっている。

本書のような、クラウドとのコラボレーションによる書籍を読むのは初めてかもしれないが、そういう本であればこそ、記憶に残り、また有益であることを知っていただきたい。しかしそれで終わりではない。できれば、本書から刺激を受けてマス・コラボレーション革命に関わり、それによって、他人と協働し、楽しみ、成功を手にしていただきたい。

ドン・タプスコット

シンクタンクNew Paradigmの最高責任者。11冊の著書がある。近著は、アンソニー・D・ウィリアムズと共同で著した『ウィキノミクス――マスコラボレーションによる開発・生産の世紀へ』（日経BP社）。

CONTENTS

本書の軌跡

5年前に、本書を著すきっかけとなった出来事を初めて経験したとき、「集団はそのメンバー1人ひとりよりもすぐれている」という考えは、とうてい成功につながるものとは思えなかった。常識的にいって集団思考[1]とはすなわち「ありきたり」なものであり、「船頭多くして船山に上る」であることも周知の事実であったからである。

今日では、ベストセラーになった多くの本のおかげで、詳しいことがわかるようになっている。しかしそんな現在においても、クラウドソーシング[2]やウィキノミクス[3]やオープンソース[4]の技術というものは、言葉こそビジネス界の流行語になっているものの、そのコンセプトを使える道具や手段にしてくれる有効な手引書となると皆無だ。本書はそうした隙間を埋めるものであり、業種を問わずあらゆる企業がどうすれば集団の英知を活用できるかその方法を詳しく述べる。インターネットでつながる集団の力と才能を取り入れたいが、やり方がわからないと思っている方にぜひ読んでいただきたい。

根本的な考え方に偶然私たちが出会ったのは、ある急成長企業に同僚が赴いているときのことだった。

私たちが買収したその企業は、コールセンター経営が専門だった。社員200人が集められ、その1人ひとりが1つ以上のコールセンターを管理する、という形態である。社員はみな積極的に

1）集団で合議を行う際に、多くの場合、不合理あるいは危険な意思決定がなされることが多いことを示す言葉。

2）「クラウド」は「群衆」という意味。企業などがインターネットを通じ、低賃金あるいは無償で参加してくれる不特定多数の人々に対して、業務委託を行うこと。この言葉を用いる場合、製品・コンテンツの対象にはさまざまなものが含まれる。

3）インターネットを通じた不特定の人たちが、水平的なネットワークで協働する生産形態およびその原理。

4）ソフトウェアの設計図にあたるソースコードを、著作権者の権利を守りながら、インターネットなどで無償公開できるライセンスを示す概念。誰でもそのソフトウェアの改良、再配布が行なえる。

協調して仕事をし、チームとして、ほかのどんな個人よりコールセンターについて熟知していた。そのため、技術的あるいは戦略的な問題に直面すると、チームのほかのメンバーに助言を求めることができたし、また助言が得られることを当てにもできた。実質的にメンバーは、個別にそれぞれのコールセンターを管理したりコンサルタントに支援を求めたりするのではなく、むしろコミュニティとして仕事をするようになっており、ただ１人のメンバーやコンサルタントでは提供できないだろう助言をチームとして絶えず提供し合っていたのだった。

この話から、バリーは本書を書くきっかけとなる洞察を得た。そして、社員であれ顧客であれ共同出資者であれ投資家であれ、志を同じくする人々のコミュニティであれば、そのコミュニティが保持する知識や情報を有意義に、かつコストパフォーマンスも高く、最大限に活用することは、どのような業種の企業にも可能である、と考えた。バリーはコールセンター事業を広げて、ほかの組織がコミュニティの力を活用するのに手を貸す会社を興した。そしてシェアード・インサイツ（共有された洞察）と命名した。

バリーは急速に増えていく自分の経験や知識をもっと多くの人と分かち合うには本が必要だと考えた。ただ、根本的な考え方を守り、自分１人で著すことは避けたかった。本はコミュニティによって生み出されるべきだった。考えや洞察をチームとして分かち合うコミュニティは、ただ１人の著者より必然的にすぐれているからである。

一方、ジョンは教育者として新たな仕事を始めようとしていた。2004 年、ペンシルバニア大学ウォートンスクール内のエグゼクティブ・エデュケーション副学部長兼ディレクターに任命されたのである。数カ月後、本書を執筆するコミュニティをつくるにあたってバリーがパートナーを探していることを知る。時を移さず、ジョンはそのプロジェクトに加わった。

タイミングは絶妙だった。ジェームズ・スロウィッキーが書いた『「みんなの意見」は案外正しい』（角川書店）は、集団の知性は従来の専門家の知性を超えることを述べ、ベストセラーになった。続いて出版されたドン・タプスコットとアンソニー・D・ウィリアムズの共著『ウィキノミクス――マスコラボレーションによる開発・生産の世紀へ』はいっそう多くの人に読まれることになり、マス・コラボレーションやオープンソースの技術を使うことによって企業がいかにして競争相手に打ち勝っているかを示した。読者によって内容が書き加えられていくオンライン百科事典ウィキペディアは、インターネットの知の宝庫になった。トーマス・フリードマン著『フラット化する世界』（日本経済新聞出版社）では、クラウド（群衆）は聡明であるだけでなく、密接に結びつき、驚くべきことをなし得ることが示唆された。

しかしながら皮肉なことに（スロウィッキーなどはみずから、「この本は私１人で書いた」と自嘲気味に述べているけれども）、ウィキペディアを除いてはおよそどれも、人々を動員し集団で書かれたわけではなかった。その意味で、本書は最初の本であり、画期的なプロジェクトであろう。さらには、コミュニティによって書かれた本を世に出すのにぴったりな版元を、ジョンは知っていた。

その１年前、ウォートンスクールはビジネス書を出版することでピアソン・エデュケーションと合意に達していた。バリーの提案はこの両者の興味をそそった。そして私たちは、本を執筆するコミュニティを支援し、さらにはできあがった本を出版するという同意を、どうにか両者から得られることになった。

そのころ、難しい問題がいくつか浮かび上がってきた。数百人、あるいは潜在的には数千人が執筆に関わろうというコミュニティにあって、誰がどれだけの印税をもらうのか、誰が知的所有権を保有するのか、含めるべき章や文章をどのようにして決めるのか、といった問題だった。

2006 年秋にようやく、私たちは www.wearesmarter.org を立ち上げた。そのなかで趣旨を説明したところ、またたく間に3000 人から意見が寄せられた。彼らは、コミュニティをプロジェクトに活かす方法や本のまとめ方について、さまざまな意見を持っていた。当然のことだが、この新しいコミュニティがしっかりとしたモデレーターによって支援されることも求めていた。ブロガーやポッドキャスター、作家志望者、自称編集者がコミュニティに参加したせいで少しのあいだプロジェクトは混乱したが、ラスベガスで行われたコミュニティ 2.0 のイベントにはまた大勢の人が参加してくれた。

そうしてついに完成したのがこれから読んでいただく文章であり、次から次へと紹介する実例である。ただ、グラフィック・デザインについては、クラウドを頼るのではなく必然的に従来のやり方で生み出されることになった。

しかしながら、こうして出版された本書は間違いなく、そうしたあらゆる活動から得たコミュニティの洞察と私たち自身の調査が組み合わさったものである。また、随所に見られる引用文については、コミュニティ・メンバーのウィキやポッドキャスト、ディスカッション・フォーラム、さらにはコミュニティ 2.0 のイベントで直接聞いた意見をそのまま掲載している。

難しい問題も解決にいたった。印税は慈善団体に寄付すること、また寄付する団体を選ぶ際にはプロジェクトに貢献したメンバー全員が同等の発言権を持つことに、コミュニティとして合意がなされたのだった。

さらに言えば、このオンライン・コミュニティは今なお精力的に活動しつづけている。2007 年 4 月現在、メンバーは 4375 人、ディスカッション・フォーラムは 737 を数え、250 人以上の熱心なウィキ参加者が 1600 のウィキを生み出している。また、いっそう多くのコミュニティの事例や寄稿を掲載すべく、次作を書く計画も立てている。

あとにして思えば、コミュニティ主導の壮大なプロジェクトは胸の躍るものであり、画期的な計画を率先して試みようとする場合の常として、良いときもあれば悪いときもあった。集団のパワーを活用することによって多くの企業が多大な利益を得てきたのは先述したとおりだ。しかしすべての企業が成功したわけではない。これから詳しく述べるが、コミュニティの英知を引き出すときには、避けるべき落とし穴や乗り越えるべき障害が数多く存在するのである。

進んで挑戦してみようと思うなら、十二分に報われる可能性は大いにある。コミュニティの力を得られれば、企業は（むろん、あなたの会社も）、新しい製品やサービスを生み出したり、顧客サービスを促進したり、売上を伸ばしたり、生産スピードを上げたり、新たな資金源を活用したり、全社員をリーダーにしたりできるようになる。コミュニティはあなたの会社を、より生産的で収益性の高い場所に、さらにはそこで仕事をし、人生を生きている人たちにとって、よりよい場所にしてくれるのである。

本書を読めば、どうすればそうしたことが実現できるかわかるようになる。では始めよう。

01
未来のトレンド
——クラウドソーシング

Look What WE Can Do !

ウェブは誕生して15年という円熟期に入り、歴史学者がインターネット時代をルネッサンスや産業革命と比較するほど、すでに大きく人間社会を変化させてきた。結ばれる人の数はおよそ10億人。そんなにも多くの優秀な人々が原動力となり、インターネットが生み出す変化は量的なものから質的なものへと劇的に変わった。そう、集団としての「WE（われわれ）」の力はおよそ計り知れないのである。優秀な人々はそれぞれに神経細胞を100億持ち、その神経細胞はさらに1万ほどのシナプスを通じて互いにつながり合っているが、そんな個人の知力が今やテクノロジーの力を得てつながり、増幅している。そのため、新たに生まれた強力な「WE」のすばらしさは、どのようなただ1人の「me（私）」をもはるかに上まわる。人間は今初めて、かつてはアリやミツバチのものであった集団的知性[1]を使って（現在の状況でいえば、多種多様なものをまとめる人間の知能を活かして）、マス・コラボレーションして行動できるようになっている。結果として、考え、創造し、コンピュータを操作し、結びつく世界の力が量的に増加した。しかしその重要性を、私たちはまだ理解し始めたばかりである。

1）多数の個人が協力と競争を繰り返すうちに、その集団自体に知能、精神が存在するかのように見える状態。

馬鹿げていないアイデアに、
追求する価値はない。

——アルバート・アインシュタイン

サイバーウォッチャーたちによれば、インターネットはウェブ1.0[2]とウェブ2.0[3]という特徴ある2つの場で発展してきたという。情報を金に換え、ネットを莫大な利益を生む市場にしているという意味では、どちらも同じだ。しかし、ウェブ1.0の勝者が（主としてドットコム・ブームのなかで）みずから情報を買い占め、その価格を上げることによって利益を得るのに対し、ウェブ2.0の革新者は反対のことをしている。彼らは、情報というものはユーザーが増えれば増えるほど価値が高まると考えているのである。

2）ウェブ2.0の比較用語として生まれた言葉。ウェブ2.0以前のウェブの世界を示す。

3）定義が明確に統一されているわけではないが、2004年頃から現れるようになった新しい発想に基づくウェブ関連の技術や、ウェブサイト・サービスなどの総称。

たとえば、新しいソフトウェア・プログラムを開発した場合、彼らはそれに伴う規約を厳しく管理する代わりに、ユーザーがプログラムを変えたり加えたりするのを許している。みずからのアイデアをユーザーが提供し、みんなのためにプログラムを向上させてくれるという自信を持っているのである。驚くべきことに、手を加えるのを許すことによって、所有者は実際にコストを削減し、その一方で、ボランティアの作り手によって保証されたよりよい製品を、すなわち、さらに多くの顧客を獲得できる製品を生み出すことになる。

1つのビジネスモデルとして、その過程はオープンソーシングあるいはクラウドソーシングと呼ばれる。従来は社員によってなされてきた仕事を、インターネット上の多数の人々にゆだねるものである。このやり方はすばらしい成功を収めてきたが、とりわけ目を惹くのは製品開発の領域である。たとえば、モジラのファイアフォックス[4]は3億回以上ダウンロードされ、推定7000

4）モジラ・ファウンデーションが開発しているオープンソースのウェブブラウザ。

万〜8000万の人々によって使用されている。リナックス（ウィンドウズやユニックスの代わりとなるオープンソースのOS）は、無料でダウンロードされ、ユーザーは必要性に応じて変更を加えることができる。また大勢でどんどん直していくため、システム内の欠陥は数時間のうちに修正される。ウィキペディアは1カ月におよそ500万人にのぼる人々から信頼して使用されている。200万という膨大な項目をインターネット上のボランティアが書いたり更新したりする無料のオンライン百科事典で、アクセスした人は誰もがそのほとんどの項目を編集することができる。なかにはジョージ・W・ブッシュに関する項目のように、ボランティアの管理者によって保護されているものもある。特定のイデオロギーを信奉したり中傷しようとしたりする人が、事実を勝手に書き換える場合があるからである。もっとも、ほかのユーザーや管理者が正しい記述に改めるため、書き換えられても自動的に修正されることになる。

CROWDSOURCING

2006年現在、大半のビジネスマンにとってオープンソーシングはネット上の「ちょっと珍しいもの」にすぎなかった。まさにそのころ、『ワイヤード』誌のジェフ・ハウがオープンソーシングについて記事を書き始めた。取材を進めるなかで、彼は語るべき重要な事実に突き当たった。さまざまな業界の主要企業が重要な仕事をインターネット上で個人や集団にアウトソーシングするようになっていたのである。この事実は、同誌の編集者マーク・ロビンソンも認めるところだった。そして2人はこの現象を表すために新たな言葉をつくった。記事はその年の6月に掲載され、2人の造語「クラウドソーシング」は「（ネット上にある）クラウド（群衆）の隠れた才能を開拓すること」として定義された。そして、今や経済活動におけるほとんどすべての局面に浸透しつつあるプロセスを示すものになった。

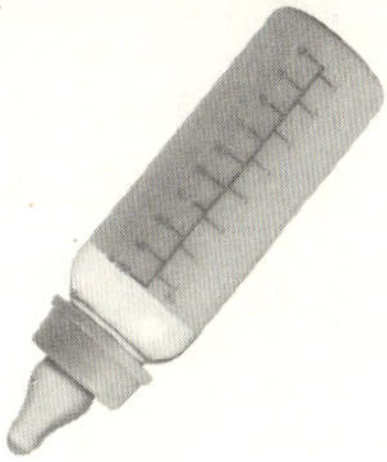

抜かりのない企業は、商品開発をはじめ、顧客サービス、営業、製造、財務、果ては経営にいたるまで、インターネット上の大衆に支援を求めている。そうした企業は、独自の専門的知識や技術を持つオンライン・コミュニティ（顧客を含む）を見つけ出し、育て、開拓することによって成功しているのである。

マス・コラボレーションを活用している企業の実際的な数は驚くべきものだ。2007年初めにフォレスター・リサーチ社が行った報告では、119人の主要情報部員の調査によって、優に89パーセントを超える企業が、ポッドキャストやウィキ、ブログ、ソーシャル・ネットワーキングなど、およそ企業の商売道具とは思えないものを含めた6つのテクノロジーの少なくとも1つを使って、集団的知性を求めていることが明らかになった。一流社員2800人によるマッキンゼー社の世界規模の調査では、この傾向が最も進んでいるのはインドで、80パーセントの企業がその後3年間にわたってオンライン・コミュニティに費やす金額を増やす計画を立てていた。北アメリカは、65パーセントの企業が増額を見込んでおり、アジア太平洋諸国のすぐあとに次いで3位だった。

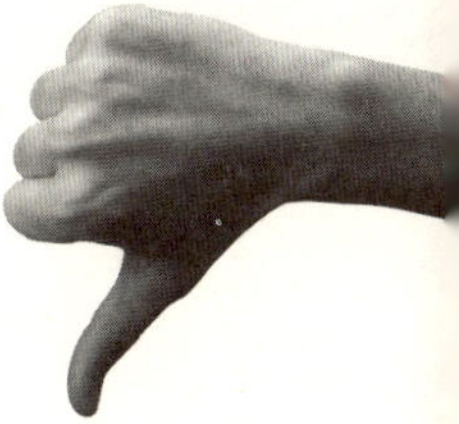

むろんクラウドソーシングにも落とし穴はある。コラボレーションが正しく行われないなら、何もなされないほうがいい。ガートナー・リサーチ社は80パーセントの確信を持って予言している。『フォーチュン』誌に載る売上規模全米上位1000社の60パーセント以上が、2010年までに何らかのオンライン・コミュニティを持ち、マーケティングに活用するようになるだろう、と。しかし同社はやはり80パーセントの確信を持ってこうも述べている。その半分の企業が、うまく管理できず、利益を得るより害を被るだろう、と。

「どんどん自分たちをさらけ出そう！」

言うまでもないことだが、マス・コラボレーションのすばらしさはインターネットが生まれるずっと以前から明らかだった。ミツバチの群れからアメリカ田園地帯で行われる納屋の棟上げにいたるまで、多くのコミュニティにおいて、メンバーの大半が熱心に協力してくれることを頼りにしてきたのである。ミツバチの場合は、特定のにおいを発したりダンスをしたりといった信号を送るシステムによって、群れに行動を起こさせ、忙しく働かせることになる。納屋の棟上げの場合は、持ちつ持たれつの関係のメリットをより意識的に認識することで隣近所の人々が集まってくる。

アマゾン・ドットコムの創業者であり会長兼 CEO のジェフ・ベゾスは、忠実な顧客基盤を持つ利点について考えをふくらませ、オンラインのカスタマーレビューを設けた。カスタマーレビューは、企業におけるクラウドソーシングの、最初の明確な例かもしれない。アマゾンによって報酬を支払われることも指図を受けることもなく、顧客たちは同社が提供するものに実質的な価値を加えた。さらにはベゾスを刺激し、事業を全く新しい方向へ進ませることにもなった。

最初の 10 年のあいだ、アマゾンは 20 億ドルを投資して、価格をはじめ売上、顧客、書評、在庫状況など独自情報の膨大なデータベースをつくったが、誰にも見せることはなかった。ところが 2004 年に、ベゾスは上級管理職チームに斬新な質問を投げかけた。貴重なデータベースを公開し、誰もが使えるようにしたらどうなるだろうか、と。

以前ならそんなことをしようとは夢にも思わなかったが、ベゾスはさらなる利益を得る手段としてアマゾンの知識を他者と共有することを主張した。有能な外部者を引き入れることによって、アマゾンは彼らと、いずれ利益につながるだろうパートナーシップを築くことができると述べたのである。この考えをすべての仲間が熱心に支持したわけではなかったが、ベゾスの意見が通ることになった。話し合いを締めくくるとき、ベゾスは両手を大きく広げて高らかに述べた。「どんどん自分たちをさらけ出そう！」

その効果は目を見はるようなものだった。ベゾスが大胆な行動を起こして以来、アマゾン・ウェブ・サービスとして今では知られるものに参加したことのある人は 24 万人を超える。また、そうしたクラウドの一員になろうとするソフトウェア開発者や起業家の人数は猛烈な勢いで増えつづけ、2007 年 1 月までの 1 年間では 55 パーセントを超える伸びを示している。クラウドソーシングは、もはや危険な試みではなく、今ではアマゾンの戦略の中核になっている。また、アマゾンのデータベースを争うようにして見たプログラマーや企業は、アマゾンと手を組んで、その知識や活動範囲を大いに広げ、何百もの新しいショッピング・インターフェースを開発し、数百万の顧客を引き寄せて、売上や利益を飛躍的に伸ばしている。

たとえば、ダリル・ブッチャーやジェイソン・マイアーやヘク

ター・リバスら独立した起業家は、アマゾンと手を組んでから、数百万ドル相当の古本を販売した。インターネットを使った彼らのベンチャー事業スリフト・ブックス[5]にとって、取扱量は戦略上の重要なポイントだ。手を組んだのは必要に迫られてのことだった。ほかにどうすれば、わずかな金額で本を売ることによって、企業として成功することはもとより生き残っていけるだろう？　手作業で本のカタログをつくるなどという時間を浪費するばかりで採算のとれない退屈な仕事をする代わりに、スリフト・ブックスはアマゾンの効率のよい技術を頼って、年間収益が250万ドルを超える、全米でも指折りの古本屋になったのである。

5）全米屈指の古書店。2003年に設立後、アマゾンと組むことで飛躍的に売上を伸ばした。

アマゾンで受け入れられて収益につながった革新的なアイデアはほかにもある。新品、中古を問わず手持ちの商品をアマゾンのサイト上に出品する売り手（将来の顧客）は100万人を超える。また、ScoutPalは携帯電話をはじめとする無線機器でバーコードを読めるようにするテクノロジーだが、これもアマゾンと連携した後に急成長したアイデアの１つだ。きっかけは、ある女性がネット上で古本を売るときにあれこれ苦労したことだった。

バーバラ・アンダーソンはガレージセールで買い物をしては転売していたが、高い買い物だったことがあとでわかり、売れても、得をするどころか投資した分を回収することさえできないことがしばしばあった。そこで、ワイヤレス小型機器向けのソフトウェア開発を仕事にしている夫のデイブが手を貸してくれることになり、デイブが考えたソフトウェアのおかげで、バーバラは携帯電話からアマゾン・ウェブ・サービスのデータベースにアクセスできるようになった。本のバーコードを入力すると、その本がアマゾンではいくらで売られ、何冊が販売中か、すぐに知ることができる。そうした情報が手に入ったおかげで、バーバラは有利に転売できる本だけを買えるようになった。結果的に、バーバラが手にする金額は3倍の10万ドルになり、しかも利益がその85パーセントを占めるようになった。さらには思いがけない幸運も手にすることになった。夫が考案したアプリケーション、ScoutPalが、アマゾンを基盤とするもう1つのファミリービジネス（会員数は1000人を超え、その1人ひとりによって1カ月あたり10ドルが支払われる）になったのである。

ジェフ・ベゾスは、巨大なアマゾン・コミュニティの役割をまた1つ見出した。2005年、ベゾスはある仕事をユーザーに外注するためのサイトをつくった。数百万に及ぶアマゾンのウェブページ内で重複するものを見つけ出すのだが、それはアマゾンのソフトウェアではできない仕事だった。同一のページを見つけると、1ページにつき数セントがユーザーに支払われる。システムはうまく機能し、ベゾスはこれを事業にすることにした。ウェブサイトはあらためてMturk.comと名づけられ、アマゾンはソフトウェア開発者に依頼して、特定の写真を探したり文章を翻訳したり見た目（商品ページ）の美しさを判断したりするのにMturkを活用できるようにした。

Mturk（Amazon Mechanical Turk）という名前は、18世紀の悪ふざけに敬意を表して、ユーモアまじりにつけられたものだ。ターバンにローブという出で立ちの等身大のマネキン人形が有名なチェスの試合で挑戦者全員と対戦し、そのほとんどを打ち負かした。ところが、あとでわかったことだが、「Mechanical Turk（機械じかけのトルコ人）」のなかには人間のチェスの名手が隠れていたのだった。

現在、アマゾンには、Turk ワーカーと呼ばれる働き手が、100 を超える国に 10 万人以上いる。彼らの HITs（human intelligence tasks ＝人間の知的作業）に対する報酬はわずか数セントであるため、ベゾスはバーチャル労働搾取企業を経営していると皮肉を言われている。しかし、Turk ワーカーたちは十分に意欲的であるように思われる。また、なかには仕事をいわば趣味だと、すなわちネット上で行うジグソーパズルのようなものだと思っている Turk ワーカーもいる。ある退役傷病軍人はこう話していた。1 日に 2 時間 Mturk のために働いて週に 100 ドル稼いでいるが、それは「ふたたび働くことに慣れるための治療みたいなもの」だ、と。

満足を覚えているのは Mturk の顧客も同様である。iConclude（情報技術ネットワークの不具合を発見・修復する自動プラグラムを売るソフトウェア会社）は、あるちょっとした手順について Mturk.com に依頼を掲載したところ、300 人のプログラマーから回答を得た。iConclude の CEO、サニー・グプタはこう述べている。費用は自社で行った場合の 10 分の 1 しかかからず、有志プログラマーへの支払いのほかには、Mturk には 10 パーセントの手数料を払うだけですんだ、と。

A WORD FROM WE

「明らかなことだが、企業が必要としている知識は、従業員や顧客や相談相手からしか得ることはできない。そのため、自分たちが組織のほかの人々とどう関わっているか、誰が誰と知り合いか、ほかの人たちの人間関係がどうなっているか、といったことが、不意に重要になる」

——www.wearesmarter.org 第 1 章、「コミュニティの起源」の項より

言うまでもないが、クラウドソーシングの分野において、アマゾンは一開拓者にすぎない。インターネット電話で世に出たスカイプ[6]からイーベイ[7]の大規模なオークションにいたるまで、新しいビジネスモデルがネット上のコラボレーションから生まれ、またP&Gやヒューレット・パッカードやレゴやイーライリリー[8]のような昔からある企業が、マーケティングをはじめ商品開発、苦情処理、基本的なリサーチ、デザインにまでコミュニティを活用しているのである。産業革命において始まった経済力の集中は、実のところ反対方向に進みつつある。ミシガン大学の経営学教授C・K・プラハラードは、ウィキノミクス志向を「産業の民主化」と呼んでいるが、それはまさに「人民の、人民による、人民のための経済」を予示するものである。

6) Skype Technologies 社が提供するインターネット電話サービス。

7) 世界最多の利用者を誇るインターネットオークションサイト。ネット販売も行う。

8) アメリカの国際的製薬会社。糖尿病の治療薬であるインシュリンなど、世界初の医薬を多く開発している。

カナダのカンブリアン・ハウスは、2006年にクラウドソーシングの領域に参戦したが、実にシンプルな考え方を前提としていた。ソフトウェアについて斬新なアイデアを探しだし、成功しそうなものを選ぶには、ソフトウェアのユーザー自身を頼るのが1

番だというのである。結果的にいささか驚くような額の出資金が引き出されたが、そのとき創設者マイケル・シコルスキーは最初の投資家たちにこう述べていた。「自分たちが何をつくろうとしているのかも、誰がつくるのかも、つくったものを誰が買うのかもわからない」。それでも彼は 260 万ドルを集め、今や共同出資金は 800 万ドルを超えるまでになっている。

シコルスキーのやり方はうまくいき、カンブリアン・ハウスでは現在、優に 3 万人を超えるコミュニティ・メンバーが、アイデアを発案し、試し、共同で改良し、時間や作業を互いに補い合い、完成品を手にしている。そうして出来上がるものは、ソフトウェアの域を超え、全く新しいビジネスや具体的な製品に及ぶことさえある。会社の指針となっている問い（と答え）はこれだ。「60 億人のアイデアや才能や起業家精神を引き出すにはどうすればいいか？　全員を一つ屋根の下に集めることだ」

カンブリアン・ハウスのクラウドソーシングは今日、次のように行われている。

まず、コミュニティ・メンバー（学生、起業家、企業顧問、投資家、設計者、ゲームプレーヤー）の誰かがアイデアを出す。アイデアは、インターネットにおける市場性や販売のしやすさといった観点から、ほかのメンバーたちによってランク付けされる。アイデアを出したメンバーは、コミュニティから意見をもらうことで、コンセプトに磨きをかけたり、製品化するにふさわしいアイデアかどうか判断したりできるようになる。

また、Idea Warzというトーナメントが行われ、コミュニティでとくに支持されるアイデアにスポットが当てられる。予選を4度行って、16のアイデアのうち最良のものを選ぶのである。毎週、コミュニティによって投票が行われ、Idea Warzに出されたアイデアの半分が姿を消し、最終的にただ1つの最もすぐれたアイデアだけが勝ち残る。勝利を収めたアイデアは資金と名声を得ることになる。さまざまな意味で、コンテストはクラウドの英知を活用したろ過装置であり、コミュニティにおけるその時点での最良のアイデアが決定される。

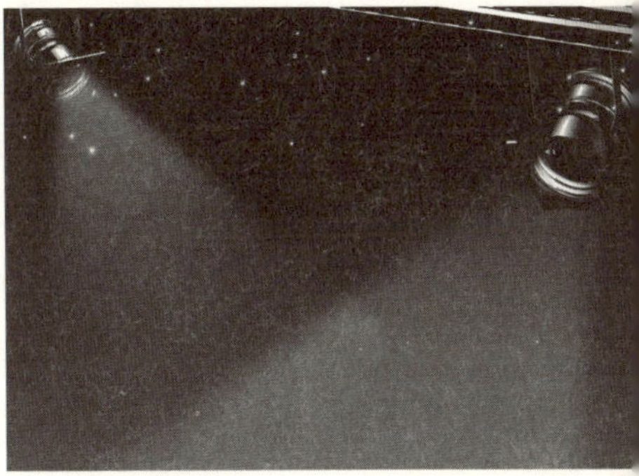

Idea Warzは、アイデア考案者に承認を与えることにもなる。おかげで考案者たちは、時間と資金を与えられ、自分のアイデアがコミュニティの援助を得て製品化されるのだという自信を覚えることができる。

次いで考案者はコミュニティ・メンバーとともに、プログラムのためのコードを書いたり、事業計画を練ったり、ロゴをデザインしたりといった作業をし、引き換えにロイヤリティ・ポイント、すなわちカンブロズ（カンブリアン・ハウス社内専用の通貨。1カンブロズ＝1ドル）を得る。このポイントにより、製品の貢献者に対し、売上における分け前が保証される。

プログラマーやグラフィック・デザイナー、コピーライター、イラストレーターたちから成る開発者コミュニティは、アイデアを実現させる。失敗に終わったら、次回また

努力する。成功すれば、アイデア考案者も協力したメンバーたちも報酬を得る。プラットフォームの作り手は責任を持って、メンバーと協力してアイデアを実現させるため、カンブリアン・ハウスはアイデアの全考案者に対し知的財産権を持つことを認めている。ただ、ある時点においては（ロイヤリティとカンブロズがメンバー間で交換されるときには）いくらかの取引手数料を取って利益を得る。そしてまた、すぐれたアイデアに投資する。

コミュニティとはパートナーとして仕事をすると決めているため、カンブリアン・ハウスは年間収益の１パーセントをコミュニティに分け与えている（それをどう分配するかは、メンバーの協同組合が決める）。

今日までに、カンブリアン・ハウスはクラウドソーシングによる４つの製品に投資をし、市場に出してきた。最初に利益を出したのは Prezzle.com だった。アマゾン、バス・アンド・ボディー・ワークス、セフォラといった販売業者から、（オンラインで）グリーティング・カードや商品券を友人に送れるサイトである。送り手はラッピングペーパーを選び、プレゼントが何であるかヒントを与え、「開封できる」日にちを選択する。Prezzle の収益はささやかで、2008 年も 100 万ドルと予想されるが、CEO のシコルスキーは、バイラル（口コミ）・マーケティングとたぐいまれな事業開発パートナーシップによって Prezzle が転機を迎えられれば、と期待している。

カンブリアン・ハウスのもう１つの冒険的事業は Gwabs とい

うデスクトップ・コンピュータ同士で行う戦闘ゲームだったが、コミュニティ・フォーラムでたいへん話題になり、カンブリアン・ハウスは8000ドルを投じて市場化テストを行った。そして、たった1度の週末のあいだに数百本を売ると、新たに10万ドルを注ぎ込んで小売り用の製品を開発した。アイデアをヒット商品へと変えるのに、合わせて6カ月と20万ドルしかかからなかったわけだが、シコルスキーによれば、組織のなかで開発した場合に比べ、時間は半分以下、コストは3分の1ですんだという。

クラウドの力を活用すると、いっそう多くのビジネスパーソンが、よりよい決定をし、より大きな利益をあげられるようになる（実際、あげている）。たとえば、IBMは2006年半ばに、イノベーションの可能性がある領域を見きわめようと、コミュニティの全メンバー（社員とその家族と顧客）に呼びかけてオンライン・ブレインストーミングに参加してもらった。「イノベーション・ジャム」という最初のセッションでは、15万人を超える参加者が72時間のあいだにアイデアを考え出した。生み出されたアイデアは4万6000件にのぼり、それを社員たちが選別し、評価した。そして9月にふたたびオンライン・セッションが行われ、とくに有望なアイデアが選び出された。

A WORD FROM WE

「ネット上でコミュニティを機能させているなら、あなたにはそれだけの信頼や忠誠心を築く力が、それも双方向に築く力があるということだ」

――クレイグ・ニューマーク（クレイグズリスト創設者）

クラウドの力を活用すると、いっそう多くのビジネスパーソンが、よりよい決定をし、より大きな利益をあげられるようになる（実際、あげている）。

IBMのCEO、サム・パルミサーノ[9]は、選ばれた10のアイデアについて、1億ドルを投じて推進すると約束している。そして最終的な選択をする際には、彼も関わる予定である。

9）正確には、サミュエル・パルミサーノ。

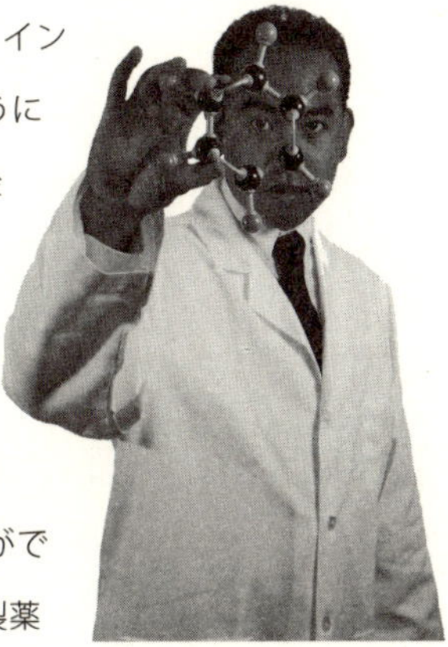

巨大製薬会社イーライリリーのe.リリー事業部は、インターネットが持つ集団の力を他に先駆けて活用するようになり、2001年にイノセンティブを立ち上げた。懸賞金を基盤にした初の科学的オンライン・ネットワークで、グローバルな研究開発コミュニティを構築するのが目的だ。そのオンライン・プラットフォームでは、世界レベルの科学者と研究開発ベースの製薬会社が連携して、複雑な難題に対し革新的な解決策を見出すことができる。イノセンティブは、「seeker（探求者）」である製薬会社の機密性や知的財産権を侵害することなく課題を掲示することによって、研究開発の可能性を高める機会を提供するのである。「seeker（探求者）」たる製薬会社が解決したいと思う課題は、絵画などの色彩をよみがえらせるための化学薬品であったり、ブタンガス[10]とテトラカルボン酸[11]の効率的合成であったり、さまざまだ。シアトル出身の特許弁護士デイヴィッド・ブラダンは、テトラカルボン酸の製法を提供して、4000ドルの賞金を得た。P&Gによれば、イノセンティブを使うことによって、社外で生まれる新製品の割合が20パーセントから35パーセントへ増加したという。

10）ガスライターやカセットコンロのガスボンベなどの燃料に使用されるガス。

11）耐熱性に優れ、樹脂の原料として用いられる。

クラウドソーシングは誕生して日が浅いが、すでにビジネスのルールを書き換え、大きな挑戦を突きつけ、未曾有の可能性をひらきつつある。以降の章では、製品開発・販売から

製造、資金調達、経営管理の手法、戦略にいたるまで、クラウドソーシングの詳細について述べていく。内容は次のとおりである。

第 2 章では、コミュニティをどのように活用すれば、新たな市場機会を見つけたり、メリットを確認したり、新しい製品やサービスを際立たせたりできるかを紹介する。先駆けとなった主な企業には、ブルートピア[12]、アイデア・クロッシング[13]、リンデン・ラボ[14]、P&G などがある。

12～14）本書 41～51 ページを参照。

第 3 章では、コミュニティを活用して 、サービスを向上させ顧客満足度を上げる方法を示す。紹介する企業は、ブラッドベリ・ソフトウェア[15]、Cookshack[16]、インテュイット[17]、PMI オーディオ・グループ[18] である。

15～18）本書 75～79 ページを参照。

第 4 章では、コミュニティ・ベースの技術を使って、販売およびマーケティング・コストを削減しつつカスタマー・ロイヤルティ（顧客忠誠心）を高めるためのヒントを紹介する。代表例としては、マスターカードなどがある。

第 5 章では、バーチャルか否かを問わず世界中の企業における手法やベスト・プラクティスを、コミュニティがどのように変えつつあるかをお伝えする。そして、アイストックフォト[19]、Reevoo[20]、ThisNext[21]、Zebo[22] の各社について、その経験を詳しく紹介する。

19～22）本書 111～113 ページを参照。

第 6 章では、コミュニティを活用して、ファンドビジネスを成長させ、心ある大義の支援につなげる方法を紹介する。例として挙げる企業の代表はプロスパー[23] である。

23）本書 135 ページを参照。

第7章では、コミュニティを活用して、企業を組織し、経営する方法を述べる。注目すべき事例には、ザ・ビジネス・エクスペリメント・ドットコム[24]がある。

第8章では、wearesmarter.org を試みる過程で私たちが学んだ重要な教訓をいくつか詳述する。

根本的なところから、すなわち「何を売るか」というところから始めよう。ずいぶん昔のことになるが、今は姿を消した惜しむべきパッカード[25]のラグジュアリー・カーは、「Ask the man who owns one（それを持っている人に聞いてみよう）」というキャッチフレーズで注目を集めた。今日のアメリカ大手企業のなかには、まさにそういうことをしている、すなわち、新しい商品・サービスを生み出したり古いものを改良したりするのに顧客を頼っているところがある。次章ではそうした流れを詳しく見ていき、それらの企業があげつつある目覚ましい成果と、そうした成果をどのようにして生み出しているのか、さらには、どうすればあなたも生み出せるのかについて述べる。

24）本書 151 ページを参照。

25）かつてアメリカに存在した高級車メーカー。

02
製品開発
——アイデアはクラウドの中にある

Go from R&D to R&WE !

2002年のこと、夏を迎えたオーストラリアで、リアム・マルホールはストレスの多いハイテク企業を辞めようとしていた。レッド・ハット社（アメリカに本社を置く、オープンソースのソリューション提供会社）の支社に勤めてきたが、2人の仲間とともに今こそプランAを進めようというのだった。シドニーでパブを一軒購入する計画だったが、困ったことに3人が出せる以上に価格が高かった。そのため、プランB（彼らの場合はプラン・ブルー）に転じることになった。マルホールいわく「自分たちの金だったし、大した額ではなかった」そうだが、「失うものは何もない」とばかりに3人はビールを造ろうと考えた。ただ、ふつうの場合とは異なり、コミュニティの力を活かそうと考えていた。

マルホールは、フィンランドのサッカーチーム、PK-35の話を聞き及んでいた。チームのコーチは、人材の募集や練習、果ては試合の作戦にいたるまで、携帯電話からのファン投票によって決めているというのだ。その発想はマルホールのビール造りにすばらしいヒントをもたらした。後にみずから記しているとおり、マルホールは「会社を経営する最良の方法を、すなわち、顧客に裁量権を与えるという方法を」見つけたのだった。

革新《イノベーション》とはつまり、知性がたくさん集まって
楽しんでいることにほかならない。

——マイケル・ノーラン

幸運なことに、と言って差し支えないと思うが、マルホールと2人の仲間は、2002年のチームの成績があまりにひどくてコーチが解雇されたこともファン主導のやり方が打ち切られたことも知らなかった。そのため、計画を推し進めてウェブサイト「ブルートピア・ドットコム」を立ち上げ、理想とするビールについて140人の友人から意見を募った。数週間が経つうちに、コミュニティ・メンバーは20カ国、1万人を数えるようになり、その投票によってスタイル（最終的にラガーが選ばれた）をはじめ、色（淡い琥珀色）、アルコール度数（4.5パーセント）から瓶の形やラベルの色にいたるまでが決められていった。

ただ、ビールの名前だけは、サイトの設立者たちがつけなければならなかった（むろん、今でもつけなければならない）。そして、オーストラリア人にしかわからない理由のために（ヒツジが関係している、とだけ言っておこう）、ブロウフライという名前がつけられた。

最高責任者兼「スポークスモデル[1)]」のマルホール、それに仲間のグレッグ・バントとラリー・ヘッジは、醸造所と契約して独自のビールを造り、瓶につめてもらった。しかしどんな方法で売ればいいのだろう？　ブルートピアのホームページで説明されているとおり、「オーストラリアでは、醸造については寡占状態で、二大醸造所が大半の小売店や酒場と契約し、小さなビール専門店を排除している。小売店にポンと払える大金がなければ、日の目を見ることはできない」のである。解決策として、ブロウフライはウェブサイトを通じて直接出荷・販売されることになり、まずはビール造りに協力してくれた人々に販売された。やがて「バイラル・エクイティ」とマルホールが呼ぶ株式が発行され、人々に

1）企業の宣伝・広報活動のために出てくる代表的代弁者。

ぜひビール造りに関わりたいと思わせるようになった。また、クラウドソーシングによって出発した会社にふさわしく、そのサイトにアクセスしたブロウフライのコミュニティ・メンバーは瓶のラベルをカスタマイズすることができる。ひな形を 10 種類あまりの中から選んで、好きな言葉をラベルに打ち、好みの写真や絵をアップロードできるのである。

マルホールが述べているとおり、「ビールを造ったことも、業界で働いたことも、マーケティング経験も、金もなく、自分たちが何をしようとしているかもわからない」状態だったが、4 年後の 2007 年には、ブルートピアは 46 カ国に 5 万人の顧客を得るまでになった。ワインやミネラルウォーターにはすでに手を広げており、近いうちにソフトドリンクも販売する予定だと、マルホールは、ロンドンを拠点に活躍するマーケティング・コンサルタントのジョニー・ムーアに述べた。またブルートピアでは、販促用の T シャツや帽子も販売している。

マルホールと 2 人の仲間は、ブルートピアを気の利いた冗談を交えたサイトにして、若い顧客の心に訴えかけ、親近感をいっそう強くしている。「そんなのは客寄せのための安っぽい宣伝行為だ、と言う人もいる」とサイトでは述べられ、さらにこう続いていく。しかし「安っぽいだなんて、とんでもない！」。もしこのビールが気に入らないなら、「その客は今すぐ舌を手術する必要がある！　われわれとしては、その費用を払うのはご免こうむるが、ただ、まずいと言われたビールに対してなら喜んで返金する――好みに合わなかったそのビールについて意見を聞かせてくれるかぎり」

ムーアと（いかにも似つかわしいことに、スカイプを通じて）

電話でやりとりするなかで、マルホールはこう述べた。会社は「マドンナのように」、絶えず活動し、自己改革していかなければならない、と。実は、オーストラリア証券取引所で新規株式公開してからずっと景気がよく、今後は小売りもしたいと考えている。「店に商品を並べられなければ、実際に存在する会社だと信じてもらえない」のである。マルホール本人に関して言えば、金融業界に、とりわけコミュニティバンク[2]に挑戦するかもしれないという。コミュニティバンクでなら、事業運営について顧客に発言権を与えることは、たいへん魅力ある特徴になるだろう（このテーマについてはあとで詳述する）。

2）範囲の限られた地域を営業基盤とし、地域からの預金を、当該地域へ還元することを標榜する銀行。日本におけるコミュニティバンクとは、信用金庫クラスの金融機関を意味する。

コミュニティは神様です

オーストラリアであれほかの国であれ、また規模の大小を問わず、企業にとって、売るものを顧客に決めさせるというのはきわめて重大な決断である。新製品の開発は、企業が行う活動のなかでもとくに重要だ。企業の存亡は提供するものの良し悪しによって左右されるため、商品の基本的な性質についてリーダーたちが支配権を失うまいとするのはもっともではあるだろう。

しかし、製品のアイデアや改良について、コミュニティ（顧客であろうとなかろうと）が持つ集団の英知を活用すること

には数多くの利点がある。顧客である場合には、結果に強い関心を抱かせることになり、みずからつくり出したものを顧客が気に入り、購入することがほぼ保証される。試験販売の過程をそっくり省略することも夢ではないのである（むろん、実際に省略するかどうかはその企業が判断することだ）。

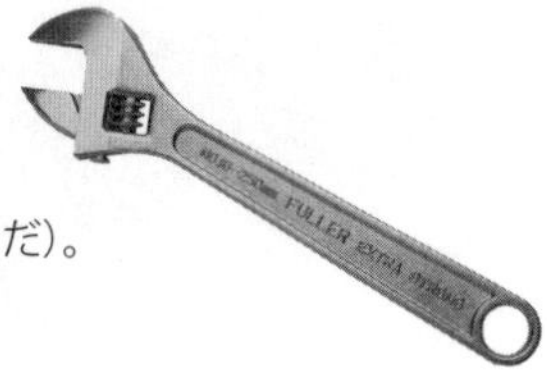

エイサー[3]やゲートウェイ[4]やヒューレット・パッカードが、顧客からの意見をもとにつくったコンピュータを思い浮かべてみてほしい。それらのコンピュータは、メモリーカードや新しいソフトウェアをインストールするのが大好きな「オタク」のためのものではなく、それ以外の人、すなわち、燃料噴射装置の修理の仕方を知らなくても、とにかく車を走らせるのが好きな人のためのものである。

3）台湾に本社を持つパソコンおよび関連機器メーカー。

4）1985年に設立されたアメリカのパソコンメーカー。

以降のページでは、ブルートピアのような、従業員以外の人々による製品開発を他に先駆けて行ってきた革新的組織を数多く紹介する。その範囲は、食品関係の大企業から、人気の高いバーチャル世界（「オタク」しかログインしないだろうと思い込んでいた人たちを、今では当惑させている）の考案者まで多岐にわたる。彼らがクラウドの英知を活用する程度は、慎重な場合からすべてを任せてしまう場合までさまざまである。

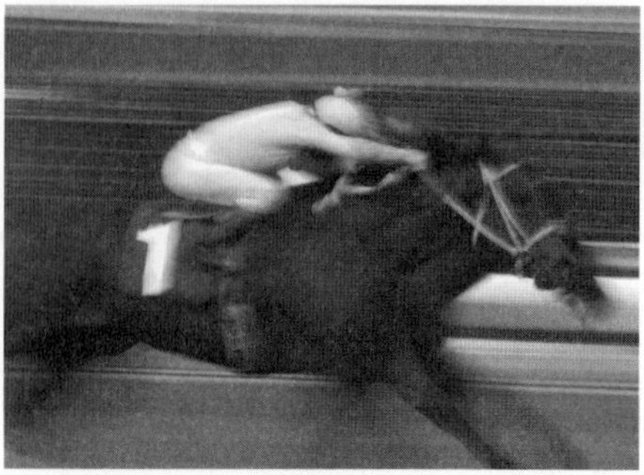

ニコリ

鍛治《かじ》真起《まき》は競馬が好きで、そのため、1980 年にみずから創刊したパズルの専門雑誌に、ダービーの出走馬に敬意を表して『ニコリ』と名付けた。東京を拠点に発行されるこの季刊誌は、後日わかるとおり、すばらしい成功を収めた。いずれの号でもさまざまなパズルが 30 種類ほど掲載され、しかも 3 分の 1 は全く新しいものだ。ただし、生み出しているのは社員ではなく、読者である。

鍛冶は、紙と鉛筆があればできるパズルを世界で最も多く生み出しており、『ニコリ』をはじめ、ありとあらゆる種類の本や他社のパズル雑誌のなかで数えきれないほど発表している。ただ、実際の創作に関しては、自分以外の誰かに依存している。たとえば数独《すうどく》[5] の場合、世界中に広めたのは鍛冶だが、つくったのはアメリカ人だった。ほかのパズルについても、鍛冶は数万に及ぶ購読者を頼みにしている。

5）世界的なブームとなった、一般にはナンバープレース（ナンプレ）と呼ばれるパズル。ちなみに数独とは、「数字は独身に限る」の略。

購読者は新たな種類のパズルについてアイデアを提供し、それを 20 人の社員が検討して、最もおもしろいと思われるものを次号の『ニコリ』に掲載する。やがて読者から感想や批判が送られてくる。この過程で、鍛冶は 250 ほどの新しいパズルを選りすぐり、いろいろな本に載せる。

数独に関して言えば、鍛冶は日本では商標登録したが、ほかの国ではしておらず、そのため世界中でたいへんな数が売れてもロイヤリティを受け取っていない。全然かまわないのだと彼は述べ、ほかの新しいパズルについても商標登録する意志はないという。「こんなふうにあけっぴろげであったほうが、『ニコリ』のオープンな文化に合っている」と、鍛冶は『ニューヨーク・タイムズ』紙で語っている。「われわれは多くのパズルを生み出しているが、それはパズルをこよなく愛しているからであって、金が欲しいからではないんだ」。鍛冶は『ニコリ』の宣伝をしたことがないのを誇りに思っている。そして、数学やパズルに対する日本人の愛情によって売上をどんどん伸ばしている。

パズルを解くのは競馬に似ている、と鍛冶は言う。「解けたときはむろんうれしいが、その前には、たとえ解けなかったとしてもわくわくするんだ。その興奮は、ゴール前の、馬がすごい勢いで直線コースを駆け抜け、声をかぎりに応援するときと同じ気持ちだ」

1984年に、『ニコリ』は初めて複雑なバージョンの数独を掲載した。読者による改良点や修正箇所の指摘を受け、やがて鍛冶は人気が出そうだと思えるものを完成させ、これが日本で大流行した。しかし世界的にブレイクしたのは、20年後に『ロンドン・タイムズ』紙に掲載されたときだった。おかげで鍛冶と会社はパズルを広める人たちとして注目されるようになった。最近では、『ニコリ』のコミュニティが提供するもう1つの数字系パズル「カックロ」が、世界中で爆発的な人気を博している。

WHAT YOU CAN DO

大切なのは手段ではない

インターネットや電子メールがまだ私たちの生活に入り込んでいなかったころ、鍜治真起は昔ながらの郵便を使って、雑誌コミュニティの力を活用していた。企業の目標は、「WE」が不可欠な存在であることを人々にわかってもらい、参加してもらうことだ。どんなコミュニケーション手段を使うかは、重要ではあるが、二の次なのである。

隣人を知る

鍜治真起は読者に共感し、彼らのことをよく理解していた。だからこそ、彼らがパズル考案ゲームに参加してくれる、とわかったのである。

プロクター・アンド・ギャンブル

プロクター・アンド・ギャンブル（P&G）の総勢 9000 人に及ぶ研究開発チームは、数世代にわたって、ビジネス界の語りぐさとなっていた。注目度が高く高収益の見込まれる新製品をいくつも、毎年のように生み出してきたためである。しかし 2000 年のこと、新たにやってきた会長兼 CEO の A・G・ラフリーは、自信たっぷりの研究者たちを呆然とさせた。研究チームは会社の収益を後押しするだけのすばらしい商品を生み出していないし、スピードも足りない、と指摘したのである。そしてラフリーが述べた解決策は思いきったものだった。これから 10 年のあいだに、すべての新しい製品や技術のうち半数以上を社外で生み出

すようにする、というのだった。

ラフリーはこうも述べた。目的は、社内のすばらしい研究開発に取って代わることではなく、それを補完することだ、と。しかし、やがてわかるとおり、P&Gの規模や複雑さを考えれば、それはきわめて難しい冒険だった。たとえば、会社のあらゆる部署が情報を交換してブレインストーミングできるようにするためには、社内連絡システムをつくり直さなければならなかった。さらには、そうした情報を、サプライヤーや販売業者を含めた社外の人々が利用できるようにする必要もあった。

A WORD FROM WE

「人々が企業のためにコミュニティに参加する大きな理由の1つは、その製品やサービスが原因で痛みを覚えているためである。企業は、痛みをなくす研究を進めるなかで、製品をよりよいものにする方法について、きわめて多くのことを学ぶのだ」

——デニス・ハウエル（ブロガー）

もう1つ障害となったのは、P&Gの主要な研究者の多くが反発したことだった。提案されているようなやり方へ変更になったら創造性がつぶされてしまう、と不平を漏らす研究者もいた。情報や研究を外部の人々と共有したら支配力や優位性が失われるのでは、と危惧する声もあった。

しかしラフリーはあきらめなかった。そしてとくに劇的な変化を促す行動として、クラウドソーシングへ大きな一歩を踏み出した。P&Gは、ハイテク事業の起業家で構成されるグローバルなコミュニティや、ナインシグマのようなオープン・ネットワークと結びつき、また、退職した科学者・技術者のネットワーク、ユアアンコールや、知的財産の取引サイトであるイェットツー・コムとも連携した。さらには、イノセンティブとも密に関わっている。イノセンティブは、175カ国以上12万人の専門技術を持つ人々が登録しているネットワークで、アイデアが満足のいく結果を生めば賞金を与えられるという仕組みになっている。

こうして拡大したコミュニティの力を借りるとき、P&Gは解決策を探るためにいわゆる「科学的課題」を提示する。課題は、自社の研究開発部門から寄せられたもので、研究者たちがぶつかっている壁が示される場合もある。あるいは、競合他社の製品の特質を自社製品に取り入れたい場合に、そうしたコミュニティの力を借りることもある。適切な解答は、P&Gにとって大いに役に立つ。イノセンティブについて言えば、提示した問題の3分の1が解決されてきた。クラウドソーシングによってすばらしい成果がもたらされた、わかりやすい例を紹介しよう。ポテトチップスのプリングルズに文字をプリントする方法をP&Gがなかなか見つけられずにいたとき、開発者コミュニティによって、ほとんど世に知られていないその技術を持つイタリアのパン屋が探し出されたのだった。

P&Gはラフリーが立てた目標に近づきつつある。2006年現在では、アイデアのうち35パーセントを社外から得るようになった。一方で、研究開発部門の生産性は一気に60パーセント上がった。発売する商品は実にその80パーセントが成功を収めている（業界全体では30パーセント）。また、全世界における年間収益

680億ドル強のうち21億ドル（2.1パーセント）を研究開発に費やしているが、これも業界の他社に比べはるかに多額である。

WHAT YOU CAN DO

しっかりと、しかし注意深く進む

社外の人に知恵を求めるときは、それが形もなければ目にも見えないコミュニティであるとして、社内の人々を不安にさせる可能性がある。おそらく彼らは反発するだろう。P&Gのラフリーのように、目的を明確にし、彼らに忠実であること。その一方で、できるだけのことをしても、彼らの関心事を受け入れること。たとえばP&Gでは、開発者たちがマイクロソフトのWORDを使ってメモを入力することも、古いシステム（新たに導入された試験的なテクノロジーと互換性を持つよう改良されたが）に頼りつづけることも認めていた。

分かち合ってくれてありがとう

皮肉なことに、クラウドソーシングに光明を見出し、社外に目を向けるようになった企業のなかには、業務における非技術系の知識や経験という財産を見すごしているところがある。社員のアイデアを投書箱に入れたまま捨ててしまう時代はとっくに過ぎた。会計士や弁護士、生産ライン、営業の人々は、経営陣からの報奨金を期待しつつ、胸のなかでじっくりアイデアを温めたり知識を深めたりしているが、それらを無視するような余裕のある企業は1社もないのだ。

リンデン・ラボ

ゼネラル・モーターズ（GM）の総合ビルでは、あなたはドライブイン式の劇場や整備場に入ったり、ポンティアック・ソルスティス[6] をじっくり見たりすることができる。デルが所有する工場では、あなたの注文に応じてパソコンが製造・出荷され、あなたの家まで届けられる。ロイター通信社へ行けば、そのニュース編集室であなたは世界の出来事に即座に対応することができる。そしてそうしたことすべてを、あなたは机やひじ掛けいすからみじんも動かずに行うことができる。

6) アメリカのポンティアックが販売するオープンカー。2006 年度の北米カー・オブ・ザ・イヤーにノミネートされた。

そこはセカンド・ライフ、インターネット上のバーチャル世界である。それをゲームと呼ぶ人は今なおいるが、その場合 GM やデルやロイターをはじめ数十に及ぶ企業のことは考慮されていない。しかしそうした企業は、このクラウドソーシングの究極の例を、厳密にビジネスとして見ている。

リンデン・ラボ（サンフランシスコを拠点とする 3D エンターテイメント企業）がつくったセカンド・ライフは、500 万人ほどのメンバーのみで構成されている。メンバーは漫画のキャラクターのようなアバターによって表され、カジノや性風俗店やショッピングモールに行ったり、コンサートに出かけたり（スザンヌ・ヴェガ[7] やデュラン・デュラン[8] がライブを行ったことがある）、家具をデザインしたり、武器を発明したり、車を運転したりできる。また、現実とは別のライフスタイルを考案し、新しい友人をつくり、新しい仕事を始め、新しい個性を持つこともできる。

7) アメリカの女性シンガーソングライター。

8) イギリスのロックバンド。

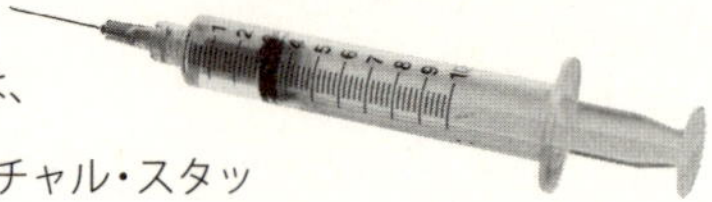

セカンド・ライフの住人は、疾病対策予防センターのバーチャル・スタッフからバーチャル・インフルエンザの予防接種を受けることもできる。下院議長ナンシー・ペロシをはじめ連邦議会の政治家にばったり出くわすこともあれば、ハーバード大学やオハイオ大学、オーストラリア国営映画学校、ニューヨーク大学の人たちが行う大学レベルの講義を仮想の教室で受講することもできる。

実にさまざまな企業がセカンド・ライフに参加しているが、理由もまた実にさまざまである。製品を売り込んだり、あるいは試験販売する企業もある。スターウッド・ホテルは、2008年に新ブランド「アロフト」を開業する計画だが、セカンド・ライフでバーチャル版を建てて、デザインや家具についてメンバーから意見を聞いている。客を呼び寄せるためにコンサートも主催しており、最近呼ばれた大物アーティストには、解散したベン・フォールズ・ファイブ[9]のリード・ヴォーカル、ベン・フォールズがいた。

9）アメリカのロックバンド。ロックには珍しく、ピアノを主体にしている。

会議場としてセカンド・ライフを使っている企業もある。アメリカのみならず世界各地の社員や管理職が、オフィスを離れて（その実、机の前に座ったまま）集まってくるのだ。IBMのあるバーチャル会議では、オーストラリア、フロリダ、インド、アイルランドの研究者のアバターが、インスタント・メッセージ[10]をやりとりして、スーパーコンピュータの問題についてじっくり話し合った。今では数千人のIBM社員が、サイト上で日常的に話し合いを行うようになっている。

10）コンピュータ・ネットワーク（おもにインターネット）のコミュニケーション用アプリケーションであるインスタントメッセンジャーが提供する機能の一つ。もしくは、そのソフトウェア。登録した相手がオンラインかどうかがわかり、リアルタイムにメッセージを交換できる。

アドバンスト・マイクロ・デバイシーズは、「コンピュータやグラフィックスや家庭用電化製品の市場において革新的な解決法を提供する世界的な大企業」であることを誇りにしている。それはつまり、会社の存亡はソフトウェア開発者の肩にかかっているということだ。そのため同社はセカンド・ライフにパビリオンを設けて、新人、ベテランを問わず開発者が、ネットワークをつくったり講義や研修コースを受けたりできるようにしている。このパビリオンは、セカンド・ライフの開発者向けコミュニティ群島にあり、対話型ブースやストーリー性のあるバナー広告やストリーミングビデオを備えた展示室も整えられている。

一方、リンデン・ラボものんびり構えていたりはしない。インスタント・メッセージに加え、今ではコンピュータ・ヘッドホンを使って実際に会話できるオプションサービスを提供するようになっている。クラウドによって構築されるバーチャル世界を生み出したことに満足せず、リンデン・ラボはそのクラウドソーシングをさらに前進させているのである。

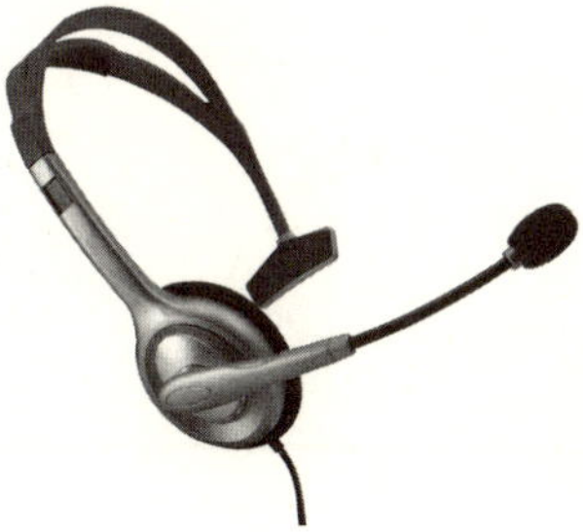

WHAT YOU CAN DO

クラウドについて真剣に考える

オープンソーシングは、登場した当初は、たしかに金銭上の実質的な意義を持つものでは全くなく、いうなれば珍しいものとして迎えられた。セカンド・ライフの運営が始まったときも、頭の固い経営者たちはたいていそういう反応をした。しかし今はもう違う。インターネット上のクラウドには顧客としての役割を超えた重要な潜在的価値があるという認識が、多くの企業トップたちのあいだにすっかり浸透してきている。あなたの会社はどうだろう。

適切な質問をする

新しいものを取り入れる必要性を明示しているものがあるとすれば、それは間違いなくセカンド・ライフだろう。いくつかの企業が行ってきたすばらしい活動によって、リーダーたちは可能性に対してもっと柔軟な見方をする必要があることが明らかになってきた。オンライン・コミュニティを活用する方法には、思いもよらないものがきわめてたくさんあるのだ。試してほしい１つの方法は、アイデアを提案してもらう人の範囲を広げることだ。会社のすべての人、すなわち、投資家を含めたすべての利害関係者、すべての顧客に提案してもらうこと。ライバル会社のなかには、今まさにこの瞬間、そういう手段を用いているところがあるかもしれない。問うべきは「彼らは次にどんなことを考え出すだろう」ではもはやなく、「あとどれくらいの時間で、彼らはそれを考え出すだろう」なのだ。

リンデン・ラボは、オンライン・コミュニティが改良したり新たな特徴を加えたりできるよう、ビューア・アプリケーション[11]のコードを公開している。おそらく、セカンド・ライフは1～2年のうちに今とは全く変わった姿になるだろう。

11）画像閲覧用アプリケーション。

A WORD FROM WE

「新しい市場に参入したり市場シェアを拡大したりするのに欠かせない斬新な手法は、利害関係者の意見から生まれる可能性がある」

——ピーター・ターハニディス

シュガーCRM

カリフォルニア州クパチーノにあるこの新興企業は、コミュニティの力を活用して、オープンソースの顧客関係管理（CRM）ソフトウェアを生み出し、絶えず改良しつづけている。創設者でCEOのジョン・ロバーツはそのソフトウェアを、「世界中の優秀なCRMエンジニアが共同でつくった作品」と述べている。

ロバーツが登場する以前は、オープンソースによる製品開発が行われるのはIT市場のインフラの側面に限られていた。しかしロバートには確信があった。売上や顧客の管理用に考案された、登録商標を有するアプリケーションに対し、個人ユーザーやIT管理者は多額のライセンス料を払わなければならないが、これにうんざりする人の数はまちがいなく増える、と。ロバーツとその会社は無料でソフトウェアを顧客に提供した。また、知識を持った実在の社員が、いつでもサポートできるよう待機した。

2004年4月に最初のバージョンが公開されて以来、このソフトウェアをダウンロードした企業や個人は100万を超えるが、その誰もが、脆弱性を修正したり、エラーを正したり、より洗練されたプログラムを提供したり、サードパーティ[12]を増設したりできる。SugarForgeと名づけられたコミュニティで、オープンソースによる製品の改良や拡張が行われているのである。このコミュニティでは、シュガーがどんな機能性を提供しているのか、関係者はいつでも見ることができる。そして同社は、技術サポートやカスタマイズされたソフトウェアを提供することによって収益を得る。

12）コンピュータ本体の製造メーカーとは直接の関係はなく、本体のOSや機器に対応する製品を作っているメーカー。

批評家のなかには、シュガーのビジネスモデルは複雑できっと失敗するだろうと言う人もいる。オンデマンドの予約注文タイプと、組織内ネットワークにインストールされたプログラムタイプの両方を提供していて、しかもどちらもが顧客によって変更されうるためである。また、きわめて多くの共同開発ソフトウェア購入者が未知のオープンソース・CRMアプリケーションに関して危険を冒すことになり、その発想を冷ややかに笑う人もいる。

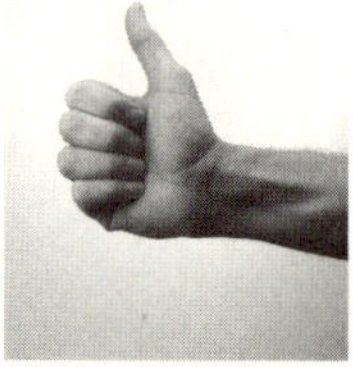

しかしシュガーのファンたちは、同社の顧客である自分たちこそが、安価で、しかも特殊な要求や必要性に合わせてカスタマイズできるソフトウェアを求めているのだと反論し

た。それに、オープンソーシングについて、購買担当重役はよく知らなくても、情報技術部はまちがいなく詳しく知っている。シュガーに対する良い評価はじわじわと増えるだろう、とファンたちは述べている。

過去 3 年以上にわたって有料カスタマーがシュガーに移ってきていることを考えると(それも、費用をかけた大々的な販促キャンペーンはいっさい行っていないのに)、一定以上の評価をする支持者が増えてきているようである。

WHAT YOU CAN DO

確実に全員が利益を得られるようにする

理解しがたいかもしれないが、クラウドソーシングの根底をなすのは、「インターネット・コミュニティの多くのメンバーは、自分たちの必要性や要求を満たす状況が生み出されるなら、無償で手を貸すことを全く厭わない」という考え方である。まさにそうすることによって、シュガー CRM は成功を収めてきた。ソフトウェアを事実上 CRM コミュニティに引き渡し、メンバーに対してメンバー自身のためにソフトウェアを向上させつづけるよう求め、改良版に合ったサービスを提供するのだ。実にみごとな好循環である。

ヴァージン・モバイル USA

この携帯電話会社は、流行や有望な機会をとらえつづけるために、「インサイダー」と呼ばれる選ばれた顧客 2000 人をネット

ヴァージン・グループの創始者にして会長のサー・リチャード・ブランソン。手にしているのは、若者をターゲットにするアメリカの主要無線ネットワーク、ヴァージン・モバイル USA で購入できる、最初の携帯電話の1つだ。

上で活用している。彼らのことを同社は「えり抜きの、若く活動的な顧客チーム」と呼び、通話料を無料にしたり機種をグレードアップしたりすることで報いている。

リチャード・ブランソン率いるヴァージン・グループとスプリント・ネクステル[13]との合弁会社であるこのヴァージン・モバイル USA は、コミュニティ「インサイダー」(恐ろしく流行に敏感なフォーカスグループだ)を訪れ、電話のデザインからサービス名にいたるまであらゆることについて意見を求める。ある役員はこう述べている。「つまるところ、われわれとしては若い消費者に舞台裏でスタンバイしていてもらいたいのです」

しかしそこは高校ではなく、「流行や情報の最先端を行く人たち」として認められることだけが、意見に対し、ヴァージンモバイル USA から報酬をもらう方法ではない。同社にはプリペイド式の、契約書のいらないサービスに 460 万人のユーザーが登録しているが、話やメールの好きな人(多くは若者)全員が無料利用時間を得る機会を与えられているのだ。方法は簡単で、企業スポンサーの広告にきちんと目を通し、感想を述べるだけである。ヴァージン・モバイルの顧客なら誰でも、自分の携帯電話で 30 秒間のコマーシャルを見たりテキスト・メッセージを読んだりした後に調査アンケートに記入すると、最高 75 分の無料利用時間がもらえる。シュガー・ママと呼ばれるこのプログラムは、話し好きな人たちに、意見を述べれば携帯電話をつづけて使用できるというメリットを与えているのである。

13) アメリカの携帯電話事業者。

そこは高校ではなく、「流行や情報の最先端を行く人たち」として認められることだけが、意見に対して報酬をもらう方法ではない。

しかしもっと肝心なことを言えば、シュガー・ママのおかげで、企業スポンサーたちはマーケティングするうえで誰もが知りたいと思う顧客層の考えや意見を聞くことができる。だから喜んで特典のための費用を出す。あるメディアディレクターが指摘しているが、若者が特典を得るのは広告をきちんと見てアンケートに答えた場合だけであるため、正直な感想が述べられていることをスポンサーたちは確信できるという。

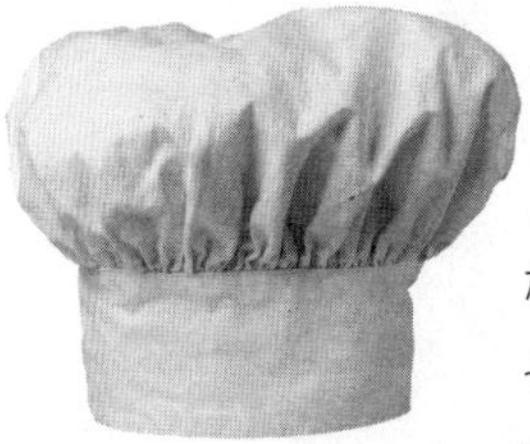

クラウドに満足を与えることによって、思わぬ恩恵がヴァージン・モバイルにもたらされている。口コミである。ヴァージン・モバイルの若い利用者が同社のことを話していると、ほかのネットワーク利用者もそのことを話題にするようになるのだ。ヴァージン・モバイルがAdopt-A-Mime（顔を真っ白に塗った無言の物まね師が呼び物だ）というおもしろいテキストメッセージのマーケティング・プログラムを始めたとき、Adopt-A-Mimeという言葉はヴァージン・モバイル・ネットワークの内外を問わず、あっという間に広まった。うわさがうわさを呼び、たいへんな数のヴァージン・モバイルの顧客ではない人々が、マイムを使うことについて尋ねたのだった。

WHAT YOU CAN DO

パートナーを選ぶ

本章では、数十億人が参加するオンライン・コミュニティについて話をしてきた。しかし、新しい製品やサービスを生み出す手助けを求めている場合、意見を聞くのは潜在的コミュニティの一部にとどめたほうが、効果的で便利かもしれない。そういう方法を、ヴァージン・モバイルは採っていた。意見を求めるのは、選び抜かれた優秀な若者 2000 人に限っていたのである。

満足を広げる

「インサイダー」たちに注意を向ける一方で、ヴァージン・モバイルは良識ある判断をして、ほかの顧客も特典を得られるように工夫をしていた。もしそうした顧客のためにシュガー・ママ・プログラムが考案されていなかったら、彼らの大半が憤慨し、結果として、製品開発に対する「インサイダー」たちの貢献は台無しになってしまっていたかもしれない。しかし実のところは、顧客満足度調査（JD パワー・アンド・アソシエイツがプリペイド式の携帯電話ユーザーを対象に行う調査や、ヴァージン・モバイルが自社の顧客を対象に行う調査など）において、ヴァージン・モバイルは勝利者になっているのである。

「お得感」のある報酬を考える

ときには、コミュニティ・メンバーに報いたいと思う場合もあるだろう。そうしなければ手を貸してもらえなくなるからではなく、謝礼があれば会社の目的にいっそう真剣に関わってもらえるからである。無料利用時間を与えたり電話機をグレードアップしたりすることは、ヴァージン・モバイルの最終的な収益には影響がないが、若い顧客に「舞台裏」でスタンバイしようと思ってもらうには驚くほどの効果を発揮する。むろん、つまらない特典を用意して、洗練されたボランティア・メンバーを侮辱しないよう注意すること。

アイデア・クロッシング

若さあふれるMBAの学生たちから生まれた、斬新なアイデア。それが、ロサンゼルスの新興企業アイデア・クロッシングによって市場に出される商品である。イノベーション・チャレンジというコンテストが毎年ひらかれ、企業の抱える問題が、世界中の大学のキャンパスにいる3000人の優秀な学生たちに投げかけられる。大学対抗のこのコンテストには、アメリカ郵政公社からヒルトンホテルやワールプールまでさまざまな企業が最低5万ドルの資金援助をしている。

アイデア・クロッシングは、みずからもサンダーバード国際経営大学院の才能ある革新者だったアニール・ラースによって2002年に設立されたが、当初の目的は、すばらしい商品アイデアを持つ消費者を、アイデアを商品化できる企業に結びつけることだった。その目的に付随して、コンテストは「実験」的に始まった。ところが、現実世界の問題に取り組むというチャンスに天才的な頭脳を持つ学生たちが飛びつき、さらにはそうした社外の若者が思いつく解決策に企業が感動を覚えたとき、「実験」は徐々に変化し、ついに年に一度開催されるコンテスト「イノベーション・チャレンジ」になったのだった。

2006年のコンテストでは、モントリオールにあるマギル大学経営大学院（Desautels Faculty of Management）チームが、他の88大学、439チームの大学院生たちを打ち負かし、最高の成績と2万ドルを手に入れた。勝利を収めたアイデアは、ヒルトンホテルの発展につながるパートナーシップ、およびクライスラーとベビーブーマーを結びつける方法だった。戦略の詳細

ブロフマン・ビルディング
——マギル大学経営大学院が拠点としている建物。

WHAT YOU CAN DO

誰が何をするかを決める

筋書きとしては珍しいものではない。あなたの会社が、有望で新しいビジネスのアイデアに目をとめ、それを採用して開発する。その後、新たな市場に気づいた起業家が現れ、そのアイデアに斬新な工夫を凝らし、報酬と引き換えにあなたに教えることを申し出る。これで取引は成立する。ただ、気をつけるべきことがある。いつの間にか、あなたはそのアイデアについて起業家をすっかり当てにするようになる。するとフットワークが重くなり、会社は革新的な性質を失っていくかもしれない。

を公にするのは差し控えるが、いずれも、今ではコンテストのスポンサーの知的財産になっている。

無限の可能性を秘めたオンライン・コミュニティを企業が活用するようになってまだ日は浅いが、そうしたコミュニティは実際、新しいデザインや製品に大きな影響を与えたり、それらを生み出したりしている。そこかしこに登場してきた第二、第三のセカンド・ライフにしても、企業が今までにない新しい方法で創造的な消費者と交流する機会を無数に提供している。

しかし、クラウドソーシングは、製品開発の面でしか収益に貢献できないわけではない。次章では、企業が顧客サービスにおいてコミュニティをどう活用しているか、さらにはその方法の危険性と恩恵について述べる。また、なぜこれほど多くの顧客が喜んで、それも無償で協力し合うのか、その理由も探っていく。

03

顧客サービス

——究極のセルフサービス

How May WE Help WE ?

オレゴン州ティガードに住むHokie 15はこう質問した。「新しいSmokette[1]を買いました。でも少し小さい気がします。返品してもっと大きいものと替えてもらったほうがいいでしょうか」

1）Cookshack 社の燻製機。

アラバマ州ハンツビル在住のVizguyも質問をしている。「Cookshack 社の燻製機《スモーカー》をガレージで使いたいのですが、問題ありませんか」

一方、アイダホ州ボイシのJPSmokinはご機嫌だった。彼はこう書いている。「みんなの助言やら忠告やらのおかげで、008のスモーカーを土曜日に買ったが、使わない日は1日たりともないよ。こんなに愉快な思いをしたのは、会社のピクニックで上司の奥さんが水着のトップをなくしたとき以来だ」

散らかっているものを片付けろ。

――ロバート・フルガム[2)]

2）ベストセラー作家。代表作に『人生に必要な知恵はすべて幼稚園の砂場で学んだ』（河出書房新社）がある。

来る日も来る日も絶えることなく、数百人のCookshackの顧客がインターネットを通じて同社のさまざまなフォーラムにログインし、バーベキュー・ソース（製品種目としてある）や、燻製用・バーベキュー用オーブンや、料理法について、質問したり答えたりしている。オンラインでのそうしたやりとりは、すべてのメンバーにとって満足のいくものになっている。しかし、話題が田舎っぽいことや、事業自体が古風で高度な科学技術を必要としないものであることを考えると、少し不釣り合いな感じがする。

40年以上も前から、Cookshackは家庭用および業務用オーブンを、オクラホマ州ポンカシティにある2000平方メートルほどの工場でつくってきた。創業者は、実業家で発明家でもあったジーン・エリスと妻ジュディだ。隣人が古い冷蔵庫をバーベキュー用スモーカーに改造するのを見て、ジーンはひらめいた。そして箱をつくって、いぶし用の木材チップを置くトレイをつけ、一方、妻のジュディは、商品となるソースや香辛料の作り方を考えるのを手伝った。

1985年に夫妻がボートの事故で亡くなると、息子と娘が跡を継いだ。息子たちがとくに力を入れて宣伝しているのは、同社のスモーカーを使えば「手間をあまりかけずに」バーベキュー料理や燻製をつくれる、という点だ。これは、空気が通り抜けて肉の水分が抜けてしまうこともなければ、湿度を保つために水を入れた皿を置く必要もなく、低い温度で、静止したまま、いぶされるためである。

同社のオーブンやスモーカーには10キログラムの肉を調理するものから340キログラムもの肉を調

理できるものまでさまざまあるが、これらを購入した人たちは、30日間の料金払い戻し保証と、行き届いたアフターサービスを受けることができる（同社のウェブサイトには、「お客様は［およそ］常に正しい」とはっきり書かれている）。また、従業員数は25人だが、会社にどんどん電話してほしいと顧客に働きかけている（サイト上のどのページを見ても、フリーダイヤルの番号がすぐ目につく）。さらには、電話で直接やりとりする顧客サービスを補うものとしてフォーラムが設けられ、電話では伝えられない情報を数多く提供したり、24時間365日サポートを行ったりしている。調理法に関するフォーラムを先日覗いてみると、1196のテーマと10126の投稿メッセージが掲載されていた。親しみやすいサイトをつくり、フォーラムやアーカイブを万人に向けたデザインにすることによって、同社は独自のサポートを顧客に売り込んできたのである。

今日ではあらゆる種類の企業がサービス機能の多くを顧客自身に担ってもらうようになってきている。しかし言うまでもないがもともとは、組み立て方にしろ、きちんと動かない理由にしろ、最も効率のよい使い方にしろ、商品について聞きたいことのある顧客は、企業の相談窓口に電話をかけて顧客サービス担当者と話をしてきたのだ。

「ただいま、すべての担当者がふさがっております。しかしながら、お客様のお電話は私どもにとってたいへん重要です。切らずにこのままお待ちください。32分でお話を伺える予定です」

電話によるサポートは、今でも不可能ではないが、昔ほど簡単なことではなくなっている。つながるまで30分以上顧客を待たせることもあるし、つながっても、顧客が持つ専門知識の程度はさまざまだ。その一方で、多くの企業がコスト削減の重圧にさらされ、電話サポートに対して相当な料金を客に請求するようになってきている。デルの場合、コンピュータの保証期間が終了すると、年間サービス契約料として189ドルを支払っていない顧客には、1回の技術サポートにつき39ドルを請求する。アップルの場合は、iMac[3] を購入した顧客に3年間のサポート料として169ドルを請求する。

3) アップルのデスクトップパソコンのブランド名称。

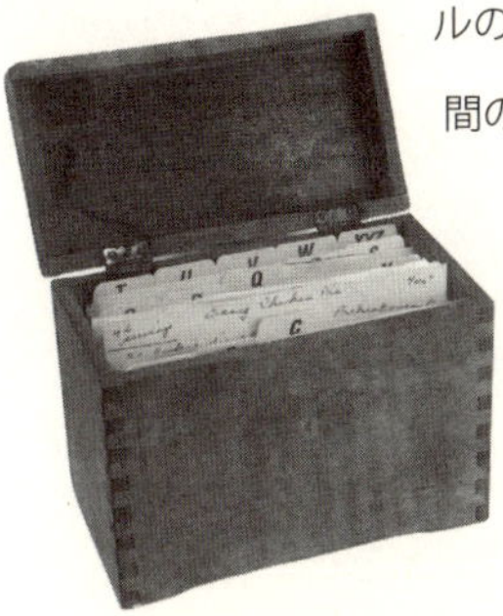

こうした企業が代替案として提示しているのが、オンラインによる顧客サービスの利用だ。たいていの場合、「よくある質問」のページとおそらくは1つ以上のフォーラムがあるが、このフォーラムでは、質問するとほかの顧客に時間と知識を無料で提供してもらうことができる。たとえば前出のHokie 15は、Cookshackのフォーラムの物知りたちのおかげで、購入したSmoketteでどんな材料でもみごとなバーベキュー料理ができることを確かめられたうえ、おすすめのレシピまで教えてもらった。Vizguyは、ガレージで調理をしたら、ブリスケット[4] といっしょに自分もいぶされてしまうかもしれないと注意を受けた。

4) 牛肉を野菜といっしょにしてオーブンなどで焼いた料理。

オンラインによる顧客サービスを提供する企業にとって、利点は2つある。顧客サービス担当者をほかの仕事にまわすことによってコストが削減され、その一方で、結束力のある忠実なリピーターのコミュニティが、ほかの目的のために、

すなわち新製品を試すのに協力してくれる顧客のコミュニティがつくられるのである。

助言を提供する顧客はなぜ、Cookshackの（つまり他社の）収益を向上させることに、自分の時間を無償で、しかも喜んで捧げるのだろう。1つの可能性としては、自尊心が挙げられる。the Service and Support Professionals Association（SSPA）の創設者で常任理事でもあるビル・ローズが述べたように、「大半の顧客は、専門家だと思われたりその道のプロと見なされたりすることを望んでいる」というわけである。もっとも、顧客サービス代わりのコミュニティに集うおおかたの人々に関していえば、立場を同じくするほかの人たちと情報を交換したり問題を解決したりするのを単に楽しんでいるだけではないかという気がする。

Cookshackのサイトをたびたび訪れるクラウド同様、バーベキュー料理の大好きな人なら、「燻製の達人」たちと経験や意見をやりとりすることほど楽しい時間の使い方があるだろうか（ちなみに、オンラインで顧客に助言を与える人は、多くは必要ない。IT事業者団体であるヘルプデスク協会のCEO、ロン・ムンツによれば、適切に助言できるのは顧客全体の1～2パーセントだけだという）。

しかしながら、サービスを顧客コミュニティに移すことによって、おもしろい疑問が浮かんでくる。その1つは（そしてとても重要なのは）、顧客が適切な答えを述べていることはどうすればはっきりわかるか、という疑問だ。もし冒頭で紹介したHokie 15に対し、smoketteの良さが説明される代わりに、そのオーブンは小さすぎるからと他社製品が勧められるとしたらどうだろう。また、信頼できるのは、不具合のある製品や請求書をそのまま会社のお客様相談窓口に送るコミュニティだろうか、それともオンラインで顧客に対応するコミュニティだろうか。実際、2 種類の顧客サービスはどこで境界線が引かれるのだろう。

こうしたことを、以下の例に出てくる問題のなかで見ていこう。

ネットフリックス

成長著しいこの DVD レンタル会社は、オンラインでの魅力的な売り込みや効率的な配送システムはもとより、好まれそうな映画を満載したリストを会員に提供できるのが自慢だ。

「わが社のウェブサイトを従来型の実店舗として想像してみてください」と、ネットフリックスのジェームズ・ベネット部長は『ロサンゼルス・タイムズ』紙に語っている。「ドアをあけて店に入った客は、DVD が自分で勝手に、適切な場所に並んでいくのを目にするんです。客の興味を惹きそうな DVD は棚へ、そうでないものは奥の部屋《バックヤード》へ飛んでいくんですよ」

実際には、DVD は自分で棚へ飛んでいくわけではなく、シネマッチというコンピュータ・プログラムの助けを借りて、顧客がみずから配列し直すことになる。ネットフリックスの顧客は、レンタルした映画を 1 から 5 までの 5 段階で評価するよう促される。評価はシネマッチがまとめ、保有する 8 万タイトルを調べて、600 万人の会員 1 人ひとりの好みに合わせた映画のリストをつくる。ネットフリックスは、評価しようという気持ちを起こさせることによって顧客サービスを顧客みずからに実践してもらい、それによって時代の先端をいく驚くべき業績をあげているのである。

いわゆるレコメンダーを使っているのは、ネットフリックスだけではない。アマゾンやアップル、イーベイ、オーバーストック[5]などのオンライン小売業者も、より好まれる商品（寝具類であれ本であれCDであれDVDであれ）を予測するのに、顧客の協力を当てにしている。顧客評価はさらに、企業向けサービス事業者のランク付けにも用いられる。

5）売れ残り商品専門の販売サイトを運営するアメリカ企業。

こうした企業はいずれも、レコメンダー・システムのおかげで、追加サービスを提供する機会はもとより、それ以上に重要なものを得る。まず、顧客との結びつきが強くなる。また調査によれば、オンラインによる売上が大幅に増加する場合があることもわかっている。

1人ひとりに合った映画をすすめることをネットフリックスがきわめて重視していることは、2006年11月に明らかになった。本物のウィキノミクスの精神に基づき、同社はシネマッチより10パーセント以上精度の高いシステムを開発した人に、100万ドルを贈ると述べたのである。コンテストは2011年に締め切られるが、一方で同社は人工知能の分野で活躍する多くの人たちに参加を促している。理由は定かではないが、会員の多くが、『オズの魔法使い』と『羊たちの沈黙』

に対して同じ見方を持っているのである。

ネットフリックスは、フレンズという機能についてもクラウドソーシングを活用している。この機能を使うと、会員は互いに、鑑賞済みの作品リストを見たり、作品につけた評価を比較したり、これから観るべき作品について意見を交換したりできる。ここでも、クラウドは顧客サービスの役割を果たすことを求められているのである。

ブラッドベリ・ソフトウェア

テネシー州ナッシュビル（ラジオの長寿番組「グラン・オール・オプリー」が放送される都市だ）にある会社で、ニック・ブラッドベリはすべての仕事を１人でこなしていた。ほかに社員はいないが、１人きりの日々を彼はけっこう楽しんでいた。

テネシー大学を卒業した後、ブラッドベリは漫画家として身を立てようとした。彼の描くコミック・ストリップ[6]は、バジルという名のコアラが政治家からテレビ・コマーシャルまであらゆるものをからかう内容だった。その後コンピュータ・プログラミング（またしても１人でする仕事だった）を始め、やがてHTMLエディターソフトの「ホームサイト」を完成させ、1996年に販売を始めた。ブラッドベリ・ソフトウェア社を立ち上げたのはその２年後だ。そして全くの独力で、ニュース・アグリゲータ[7]の「フィードデーモン」やウェブ・デザインのプログラム「トップスタイル」を開発した。

6）新聞等で連載される漫画。

7）インターネット上のニュースを収集して整理し、配信すること。またこの手法を生かしたビジネスが注目されており、その事業者もコンテンツ・アグリゲータと呼ぶ。

WHAT YOU CAN DO

節約せよ！

電話による顧客サービスには、1 件につき平均 25 ～ 50 ドルのコストがかかる。電子メールを使ってさえ、1 回あたり 4 ～ 15 ドルだ。そのため、サポート業務の一部をコミュニティに担ってほしいと顧客に検討を依頼するのは仕方のないことではある。ネットフリックスがレコメンダー・システムを通して知ったように、コミュニティが行うサービスには実質的に 1 セントもかからないのである。

働きかけよ！

ネットフリックスの体制にとってレコメンデーション・システムがきわめて重要であるとしても、同社の「トップページ」や「利用の仕方」のページで宣伝されることはない。そのため、サイトのもっと奥へ進んでメンバーにならなければ、評価システムのこともそのシステムによって顧客が気に入りそうな映画を選び出せることも、顧客が知ることはけっしてない。これは、フレンズという機能にも当てはまる。もし顧客みずからに顧客サービスを実践してもらいたいなら、またそれによって生まれる価値を潜在顧客に知ってもらいたいなら、評価システムを直接的に知ってもらえるようにすべきである。

報酬を与えよ！

ネットフリックスはシネマッチに勝るシステムに対して賞金を出すことにしたが、思い起こされるのは、報酬が出るとサービスやサポートといった機能に関わる顧客は大いにやる気をかき立てられる、ということだ。効果的な方法としては、顧客同士で、ほかの顧客の役に立っている顧客をランク付けしてもらい、その後ランクに応じて、何か特別な状況（アイコンの横にシンボルマークをつける等）か、会社のロゴのちょっとした品物、あるいは両方を贈るといいだろう。

製品の売れ行きはよかったが、1つ問題があった。顧客サポートのこととなると、この会社は完全にお手上げだったのである。顧客の質問やときおり言われる不満を、ブラッドベリはどうすることもできなかった。そのため、それらに対処する仕事を顧客自身に任せることにした。会社のホームページに、ブラッドベリは顧客同士が助け合うためのフォーラムを、いわばピアサポート・グループのようなものを設け、そこで2000人を超す人々にブラッドベリ自身では行えないアフターサービスを提供してもらったのだった。

2005年5月に、ブラッドベリ・ソフトウェア社はデンバーを拠点とするニューズゲーター・テクノロジーズ社に買収され、ニック・ブラッドベリは雇用される身となって、「クライアント製品部アーキテクト」という肩書きを与えられた。彼は今、相変わらず1人きりの仕事場で、みずからが開発した2つの製品を改良する新しい方法を考えている。また、ニューズゲーター社のホームページを定期的に訪れ、製品に対する顧客からの提案をチェックしてもいる。

多くのほかの専門サイトと同様、ニューズゲーター社のサイトでも、サービスやサポートを3段階で提供している。まずは顧客に、その膨大な知識《ナレッジ》ベースを調べることから始めてもらう。疑問に対する答えの多くが見つかるはずだからである。見つからなければ、ニューズゲーター社のフォーラムを訪れるよう促し、製品に詳しい顧客に答えを提供してもらう。3段階目は昔ながらのものだ。ニューズゲーター社の顧客サポート担当者宛てに電子メールを送ってもらうのである。

ブラッドベリ社の製品に対して顧客サービスを確実にきちんと行うために、ニューズゲーター社は新たに顧客サービス責任者を雇うことにした。そして手近なところから探し始め、やがてうってつけの人物を見つけた。かつてブラッドベリ社に設けられていたフォーラムで抜群の貢献をしていた顧客、ジャック・ブルースターである。ブラッドベリ社から彼を連れ出すことはできる。しかし彼の中からブラッドベリ社を取り除くことは不可能である。

WHAT YOU CAN DO

監視する

顧客サービスの機能を顧客にゆだねると、多くの利点がもたらされる。しかし危険もまた然りである。製品に詳しいはずの顧客のなかには、素人のような回答をする人がいないともかぎらないのだ。ニック・ブラッドベリに倣い、顧客のフォーラムは必ず定期的に「チェック」すること。

整理する

ニューズゲーター社のやり方に示されているとおり、アクセスの多い顧客サポートのウェブサイトでは困っている顧客に複数の選択肢が提供されるべきである。また、質問と回答は分析され、アーカイブやナレッジベースに整理されるべきでもある。多くの顧客は、そうしたシステムのほうを好む。彼らは銀行へ行ったとき、窓口で手続きするより ATM を使う人たちなのである。フォーラムを預かる顧客にとっては問題に対処する時間が増えるため、これは朗報といえるだろう。ついでながら、そうしたフォーラムの有志たちに対しては、集積されたデータを自在に操れる達人になるよう促すこと。そうすれば、彼らはデータを活用して、適切な情報を確実に提供できるようになるだろう。

PMI オーディオ・グループ

ニック・ブラッドベリがテネシー州でコンピュータ・プログラマーとして孤独な毎日を過ごし始めたのと同じころ、かつてはプロのギタリストだったアラン・ハイアットは、カリフォルニアを拠点にプロ向けの音響機器を販売する、PMI オーディオ・グループを設立しようとしていた。「グループ」と名づけているが、ブラッドベリ同様ハイアットもただ 1 人の従業員だった。

PMI は今日もなお販売業者として、レコードやビデオ、映画、放送番組などの商品を扱っている。ただし今では、多くの企業を所有し、それらの企業がつくる商品を販売するようになっている。つまり、ほかの販売業者ならふつうは心配しなくていい問題について、すなわち製品デザインや製造やマーケティングや顧客サポートといったことについて、PMI は気を配る必要がある。

顧客サービスを機能させるために、PMI オーディオ・グループはオンライン・フォーラムに少し依存して、マルチパターン・ダイアグラム・コンデンサーや、デュアルチャンネル・マイク、プリインプレッサー EQ、ATB ミキサーといった複雑なものについて難しい疑問が新米ユーザーから寄せられると、古株のユーザーに答えてもらっている。技術的なテーマについてのやりとりは細部にまでわたっており、その内容を同社はサイト上に保管し、商品別に整理して、答えを探す最初の手順としてまずそれらを調べるよう顧客を促している。

PMIはフォーラムから、顧客サービスとしての機能以上の成果を得ている。多くの人がウェブサイトで製品について話すようになったとき、結束力のある忠実なコミュニティが生まれたのである。コミュニティは、たとえば品質管理について何か問題が起きた場合、真っ先に力を貸してくれる。新製品や改良品についてのアイデアも提供してくれるし、新製品が基準に達していない場合には警告を発してもくれる。これがまさに、PMIが4つの補助センドチャンネルを持つATBミキサーをつくったときに起きたことだった。フォーラムのメンバーたちから「もっとたくさん必要だ」という指摘を受けて、PMIは製品を設計し直し、チャンネルを4つではなく6つに増やしたのだった。

2006年、PMIのフォーラムはハッカーによってめちゃめちゃにされ、アラン・ハイアットはフォーラムを閉鎖し、すべてを最初からつくり直さなければならなくなった。実に不愉快な出来事だった。インターネットのよさはその開放性と制限のなさだが、まさにその強みのために、オンライン・コミュニティはネットを使って犯罪を行う者の犠牲になっている。そうした人間はオンライン・クラウドのなかではごく少数だ。しかし、日常生活の多くの分野と同じで、腐った1個のリンゴは多くのリンゴを腐らせてしまうのである。

WHAT YOU CAN DO

達人たちを評価する

PMIの例がそうであったように、製品が複雑である場合、顧客フォーラムの有志に対する要求が大きくなる。そして絶えず監視の目を光らせておく必要性もまた大きくなる。確実に見張るには、サイトの訪問者に、提示された解決策を評価してもらうのが1番だ。いつも評価が低いフォーラムの有志は交替させること。逆に、先にも述べたが、絶えず高い評価を得る有志は何らかの謝礼をする候補にすること。

顧客サービス担当者を引き入れる

顧客フォーラムのなかにある、あるいは顧客サービス宛ての電子メールや電話のなかにある質問と回答を調べると、フォーラムの有志が最も苦労する問題を見つけることができるはずだ。ときには顧客サービス担当者のために、個人指導の時間を設けること。すると担当者は、有志たちが対処しているそうした質問に対しても、またほかの問題に対しても、適切な回答を提供できるようになるだろう。

インテュイット

この財務ソフトウェア大手が1984年に開業して初めて世に送り出した製品が、今ではほかのどんな個人資産管理ソフトより多くの人に購入されるようになっている「クイッケン」だった。20年後、インテュイットは、顧客サポート・フォーラムを設けてみようと考えたが、わざわざつくったり管理したり煩わしいことは避けたかった。そのため、ソーシャル・ネットワークやオンライン・コミュニティの創設、運営、議論の管理を専門にしているライブワールドの力を借りた。

クイッケンのフォーラムは、製品の種類と使っているコンピュータがウィンドウズかマックかによって分類されている。そしてクイッケンについて質問をすると、ほかの顧客がすぐに、丁寧で有用な答えを返してくれる。実際、インテュイットによれば、フォーラムの有志は助言を必要とする質問の70パーセントに回答し、顧客サービス担当者の負担を大いに減らしてくれているという。

たとえば、10年来の顧客Allanが投資信託データのなかにクイッケンのキャピタルゲイン・リポートには表示されないものがあると苦情を述べたときには、フォーラムの有志数人が話し合いを始めた。何人かはキャピタルゲインに関わる全過程について事細かに説明を書いた。そして全員が、社員ならまず書きたがらないような類の断り書きを提供した。

言うまでもないが、ライブワールドやそのライバル会社は仕事をすればその料金を請求する。顧客にみずから役立ってもらうという道を企業が選ぶかどうかは、その企業の文化や財政状態や技術的な手腕しだいだ。しかしそうした選択肢をこそ、アメリカ・オンライン（AOL）やキャンベル・スープ、ダウ、ミニクーパーなど多くの大企業は選んでいる。

次章で検討するのは、クラウドソーシングを用いて行われる取り組みのなかで最も不可能に思えるものだ。顧客コミュニティを活用して、そのメンバーやほかの顧客に製品やサービスを売る、という取り組みである。しかしすでにお気づきと思うが、その取り組みの背後にある論理はゆるぎないものだ。実際、大企業はそうした道を歩み出し、売上や利益において大きな進展を遂げ始めているのである。

WHAT YOU CAN DO

目的を理解してもらう

当然ながら、フォーラムの有志たちは答えのわからない質問にぶつかることがある。そうした質問は、電子メールか電話を使って、もっと詳しい人のところへ迷わず送れるようになってもらうこと。最終的な目的は顧客の問題を解決することであり、その目的を個人的なエゴが邪魔することがあってはけっしてならない、という考え方を、有志たちに徹底して身につけてもらうこと。

率直に話す

先述したクイッケンの顧客 Allan が受けた恩恵は、オンライン・サービス・フォーラムの恩恵のなかでもとくに大きなものだった。それは、製品の弱点について積極的に言及しようとする有志たちの姿勢である。言うまでもないが、社員は誰も、会社の製品を批判するような言葉をおおっぴらに口にすることはない。しかしもうおわかりと思うが、事業をつづけていきたいなら、何より大切なのは、顧客の声を大切に、かつ公正に扱うことなのである。

04

マーケティング

——自分自身を売り込め

Customer Sell Thyself !

言うまでもなく、プロクター・アンド・ギャンブル（P&G）は、大勢の消費者が使う生活用品をつくるという事業を展開している。ホームページで豪語されているとおり、「P&Gブランドの商品は1日に30億回、世界中の人々の暮らしに触れている」のだ。しかしP&Gはもう1つ、全く別の事業分野を持っている。自社および他社の製品事業部のために、数十万人の母親や十代の若者《ティーン》に口コミによって販売促進活動を行ってもらっているのである。

オハイオ州コロンバスのドナ・ウェザレルは、いわゆる「コネクター・ママ」の1人だ。とある顧客サービスのコールセンターで仕事をしているが、職場では「割引券《クーポン》レディ」として知られている。いつもP&Gの割引券を配っては、新製品について同僚300人とあれこれ話をしているためである。ドナが来るのは、同僚たちにとっても楽しみになっている。

金だけでブランドを確立することはできない。

――ロバート・J・デイヴィス[1]

1）1990年代後半から2000年前後に人気のあったポータルサイトを手がけたライコス社のCEO。

自分が購入して使っている商品のことは、誰もがあれこれ話したがる。人はふつう、毎週100人と会話するあいだに56回、特定のブランドのことを口にするのである。調査によれば、今日の消費者はある商品について、テレビで見るコマーシャルより、友人や同僚がしきりにするうわさ話のほうをはるかに信頼しているという。それが、直接であれ電話であれメールであれ、ドナ・ウェザレルらコネクターたちが伝える情報がおよそいつも人々に歓迎される理由である。「確実に言えるのはこの点です」と、ヴォーカルポイントのCEO、スティーブ・ノックスは述べている。「信頼している友人の『この商品はすばらしい』というひとことほど、販売手段として強力なものはないのです」

P&Gの口コミ作戦には2つの注目すべき組織、ヴォーカルポイントとトレマーが関わっている。ヴォーカルポイントはP&Gの商品に主眼を置き、10歳以下の子どもを持つ50万人の母親がコネクターになっている。トレマーはP&G以外のクライアント企業の商品に焦点を当てており、コネクターとして25万人のティーンを起用している。独自のリサーチ技術によって、P&Gは社交的で多くの友人を持つティーンや母親を見つけている。十代の若者は、インスタント・メッセージのコンタクトリストに平均25人の名前を連ねているが、ティーン・コネクターの場合は150人ほどにもなる。また、一般的な母親が会話をするのは1日に5人だが、ママ・コネクターは25人前後と話をする。

新しい食器洗浄機用洗剤ドーンを発表するにあたり、P&Gはヴォーカルポイントに、クラウドソーシングによるキャンペーンを企画させた。その結果、次のようなことが起きたと、スティーブ・ノックスは言った。「ママ・コネクターたちが商品を見て言ったんです、『あら、すてき！　子どもたちも喜んで手伝ってくれそう』と」。この反応を見て、ノックスは口コミ部隊のための話題を決めた。友人や同僚と話をする際には、子どもに家事を手伝わせるちょっとした「コツ」を盛り込んでもらうのである。やがて、「ドーンのことが人々の会話のなかで自然と話題にのぼるようになりました」とノックスは述べている。そして、「試験販売においてドーンの売上はほぼ2倍になりました」。

また2005年には、炭酸飲料を控えて牛乳を飲むと体重と体脂肪を減らせることを理解してもらうため、牛乳業界が全国規模のキャンペーンを行う準備を進めていた。その一翼を担うべくトレマーが請け負った仕事は、口コミによる販促活動を展開して、牛乳を1日1杯飲んでいるティーンにもっと飲んでもらえるようにすることだった。

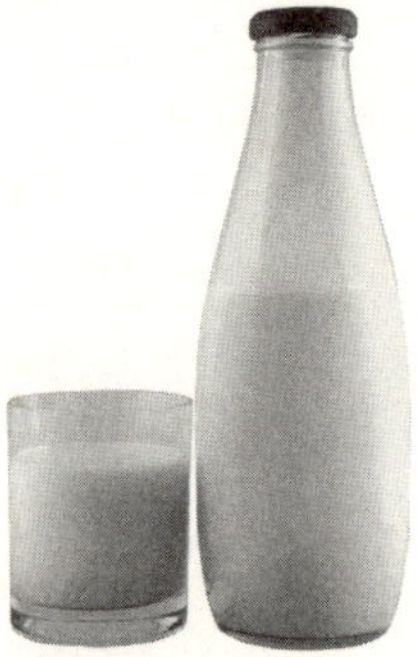

ティーン・コネクターたちのもとには、1日3杯の牛乳を飲む利点を書き記した宣伝用パンフレットと、みんなとそろいで持つための「3X/day」のロゴが入った白いブレスレットが送られた。コネクターたちは、電話したり電子メールをやりとりしたりするなかで、友人に3Xチャレンジに参加するよう強く勧め、飲んだ量を記録するための日記をダウンロードできるという情報も教えた。日記をダウンロードした人には、カップとブレスレットが郵便で送られた。結果としては、たちどころに150万人のティーンエージャーが牛乳のことを話題にするようになった。国際乳製品協

会の副社長トム・ネーグルはこう述べている。「試験販売において大幅な消費増を見込むことができました」

自社製品をより確実に広める手段としてP&Gが始めたものは、今ではプロフィット・センターとなり、シリアル・メーカーのKashi（カシ）からケーブルテレビのアニマル・プラネットや潤滑油メーカーのWD-40までさまざまな顧客を得ている。「信頼している友人の『この商品はすばらしい』というひとことほど、販売手段として強力なものはない」とノックスは述べたが、それはつまり、P&GのCEO、A・G・ラフリーがしばしば述べているとおり、「消費者はマーケティング・リサーチャーになった」ということだろう。

「正しい行いをすることに次いで最も重要なのは、あなたが正しい行いをしていることを、ほかの人たちに知ってもらうことだ」

——ジョン・D・ロックフェラー

口コミによる販売をP&Gが成功させていることは、「革命的な」クラウドソーシングがマーケティング・プラグラムにおいて果たしうる役割を示す1つの例にすぎない（むろん目を見はるような例ではある）。「革命的な」と述べたが、この言葉を私たちは意図的に使っている。結局のところ、売り手は商品の「うわさ

を広める」ことを顧客まかせにしてきたのだ――少なくとも、古代エジプト人がメンフィスの市場で穀物をオリーブ油や蜂蜜と交換したとき以来、今までずっと。ただ、その役目を担う顧客を大勢動員しながら、報酬は払わないか、払っても微々たるものであることは、自然に起きた昔の「口コミ」に、「革命的」と言うべき全く新たな意図を加えている。

P&Gの圧倒的多数のコネクターは、製品について前向きな意見を持っている。しかし言うまでもないことだが、彼らが実際に述べる言葉について規制はない。多少救われるのは、いくつかの調査報告で示されているとおり、アメリカ人がブランド商品について話をするとき、肯定的な意見が否定的な意見を6対1の割合で上まわっているという点だ。

そのバランスにのっとり、本章ではコミュニティが営業担当者として機能している例をさらに紹介する。また、メンバー全員にあなたの利益になるよう仕事をしてもらう方法について提案も行う。

M80

1998年に、デイブ・ニューパートはあるアイデアを思いついたが、それはマーケティングの世界において、いずれ脚光を浴びるにちがいないと思うアイデアだった。そしてそれが、他に類を見ないほど大きな反響が起きた後に、新たに興した自分の会社を彼がM80インタラク

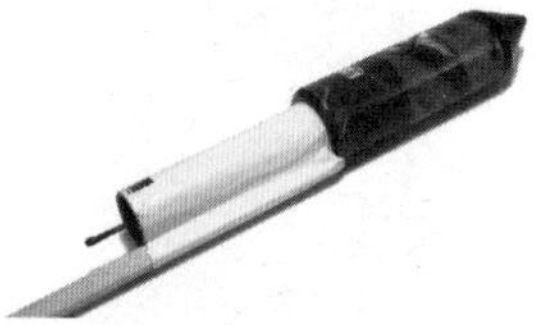

ティブ・マーケティングと名づけた理由だった。

事の起こりはその2年前にさかのぼる。ロサンゼルスの、とあるレコード会社に勤めていたニューパートは、ぜひともインターネットを通じて顧客への販促を図りたいと思っていた。そしてさまざまなバンドのためにウェブサイトを立ち上げたが、その1つがデフトーンズ[2] のサイトだった。その会社では初めてチャットルームが設けられ、ほどなく熱狂的なファンによるコミュニティがサイト周辺につくられるようになった。コミュニティに集まる多くの人が、デフトーンズの曲がラジオであまり流れないことに不満を述べた。そこでニューパートは、みんなで力を合わせ、ネットを使って評判を広めてはどうかと提案した。そのとおりのことを人々は実行し、やがてデフトーンズのCDは急速に売上が伸び始めた。

2) 1988年に結成されたカリフォルニア州出身のロックバンド。

ニューパートは状況を汲み、M80を設立した。それから現在に至るまで、会社の活動は3つのステップに沿って行ってきた。

1. バンドであれテレビ番組であれ、販促しようと思う商品について、熱狂的なファンを見つけ出す。

2. そうしたファンたちに、費用をほとんどかけることなく、ネット上でその商品を売り込もうと思わせる。

3. 最後に、売り込む方法を教える。

3) アメリカの男性ポップグループ。

ニューパートが求めるファンは大半が若く、売り込みを依頼する商品は若者のあいだで狂信的なまでの人気を集めているものだった。過去の取材のなかで、彼はイン・シンク[3]の新しいアルバムの販促のために1999年に行った、クラウドソーシングによる宣伝活動について述べている。ネット上の有志は4000人。そのほとんどがティーンエージャーの少女だった。

「われわれは巨大な大宣伝《ブリッツ》チームをつくっています。みんな、この呼び名が気に入ってましてね」。有志たちには、ラジオ放送局を含めた音楽ファンの集まるウェブサイトにアクセスして、イン・シンクのアルバムが近く発売されるという話を広めてもらった。「男性バンドのコミュニティですからね、メンバーの闘争心にはたいへんなものがあります」とニューパートは言う。「メンバーたちは、バックストリート・ボーイズの1週目の売上記録を破りたいと思っていたんです。ほかのファンたちに、その記録を何が何でも破りたい、と熱く伝えました」

A WORD FROM WE

「コミュニケーションにかかる費用が安くなるにつれ、意見を知る際の費用対効果は飛躍的に高くなってきた。数十万に及ぶディスカッション・グループや評価システム、掲示板、ブログに、ありとあらゆる商品に対する不満や意見や忠告が、頼みもしないのに送られてくるのだ」

——WE ARE SMARTER コミュニティのメンバー、ドナ・ピーテリ

当時も今も、M80 はアーティストのツアーやプロモーション・ビデオ、あるいは広告キャンペーンが始まる日について、「内部」情報を有志チームに提供している。あるバンドのプロモーション用の曲がいつラジオで放送されるかがわかったりすると、有志チームはいっそう努力するようになるのだ。「さあ、今度の放送を大いに盛り上げよう」と言って、ニューパートは彼らの士気を高めるのだという。また、中心となって活動したメンバーには、T シャツやチケットなどの品物を謝礼として贈る。

早い段階から、M80 はその能力を存分に発揮してきた。力を貸した取引先は 150 社ほどにおよび、なかにはコメディ・セントラル[4]、ギャップ、トミー・ヒルフィガー、ホンダ、ナパ・オート・パーツ[5]、シンギュラーワイヤレス[6]、フォックステレビジョンなど音楽業界以外の企業もある。手にした利益は、年にざっと 200 万ドルにのぼった。

ニューパートがその手腕を、トイレットペーパーなどあまり魅力的ではない商品においても活かせるかどうかは、今はまだわか

4）コメディを中心としたアメリカのケーブルテレビチャンネル。現在はヨーロッパにも展開している。

5）自動車部品・車用品を広く取り扱う販売店。

6）2001 年に設立された携帯電話事業者。2004 年に英ボーダフォンとの買収合戦を経て、AT&T ワイヤレスを買収し、全米最大のシェアを誇ったが、現在は AT&T の完全子会社となっている。

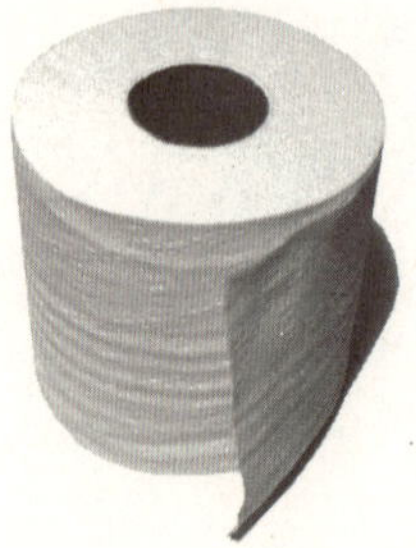

らない。当人は楽観的である。「誰もが何かに夢中になっています」と、彼は『ロサンゼルス・タイムズ』紙に述べている。「その情熱を、私たちはぜひ活用したいのです」

そうしている間に、マーケティングの世界において、彼の人気が高まってきている。2006年に、WPPグループ（マーケティングおよびコミュニケーションサービスを行う巨大企業）が、M80の株式の51パーセントを取得したのである。価格は公表されていないが、この売却によって、製品販売のためにオンライン・コミュニティを活用するという方法がすでに十分魅力あるものになっていることが、はっきり示されたのだった。

WHAT YOU CAN DO

ファンを知る

おそらく、あなたが所属しているのは音楽業界ではなく（さらに言えばスポーツ業界でも映画業界でもなく）、したがって、生み出す製品に対して顧客が熱狂的になるということはないだろう。その場合に必要なのは、さらに調査を行って、新たに販促補助スタッフになろうと思ってくれそうな人を見つけ出すことだ。ある商品について電話や手紙で褒めてくれたことのある顧客や、昔から愛用してくれている顧客を、マーケティング部の社員の力を借りて見つけ出すこと。そうした顧客とじかに連絡をとり、アドバイザー兼コネクターというエリートクラブへの招待状を渡すこと。招待状はウェブサイト経由で渡してもいい。

WHAT YOU CAN DO

ファンを喜ばせる

P&Gや M80が渡すちょっとした謝礼の品に、口コミ部隊はそれほど心を惹かれてはいない。彼らは自分の考えを、ほかの顧客に、さらには企業の経営陣に理解してもらいたいのである。内実を知る立場に立つことも、彼らにとってはうれしいことだ。あるとき M80は、テレビアニメ『ファミリー・ガイ』の新しい DVDを宣伝する仕事を請け負った。放送が終了してまもなくのことだったが、番組のファンが放送終了に強く反対していることをデイブ・ニューパートは知った。「私たちはファンにプロモーションを手伝ってもらいたいと思っていましたが、ファンはファンで私たちの力を借りて番組プロデューサーと話をしたいと思っていました」とニューパートは述べている。テレビ局は、M80によってファンの意向を知らされたことも一因となって、ふたたび番組を放送することにしたのだった。

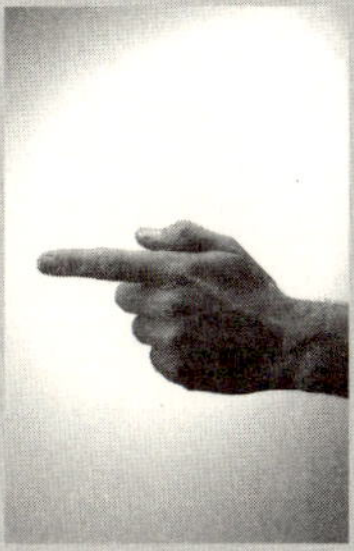

マスターカード

マーケティングの一端として行う宣伝についても、企業はオンライン・コミュニティに、商品やサービスを売る手助けをしてもらうようになっている。他に先駆けてこれを行ったのはマスターカードだった。ウェブサイトを訪れた人たちに対し、かの有名な「プライスレス（値段のつけようのない）」の CMを自分流にアレンジした作品をつくるよう勧誘したのである。優秀なものはテレビで放映されたり www.priceless.com に掲載されたりし、サイトを訪れた人たちは気に入った作品があればぜひ投票してほしいと促される。賞金はいっさいな

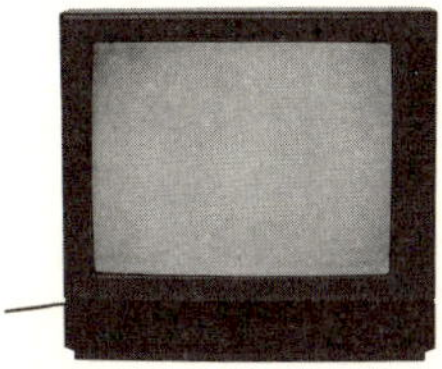

かった。にもかかわらず、応募作品は10万点にのぼった。

最近行われた、まさに「プライスレス」なプロモーションとしては、大学生を対象に行われたコンテストがある。故郷について、ほかの人たちが訪れたいと思うだろう部分を取り上げ、エッセイを書いたりビデオ作品をつくったりするというものである。優勝者は、夏のあいだ各地を旅して、そうした「プライスレス」な場所を訪れることができた。

マスターカードの広告代理店マッキャンエリクソンのCEO、ジョイス・キング・トーマスはこう述べている。「プロモーションは最初から参加型でした。大学生たちは自分ならではのポスターを描き、ビデオ作品をつくり、パロディーを生み出したんです」

#%@*!!!

トーマスもマスターカードも、さまざまなサイトに無数にあふれているようなパロディー風の作品に心を動かされたことはなかった。多くが、品がなかったり低俗だったりしたためである。「一枚持ってみたいな、と顧客の気持ちをくすぐる作品がいいですね」と、マスターカード・ワールドワイドの取締役副社長兼最高マーケティング責任者、ローレンス・フラナガンは言う。「出来はいいものもあればそうでないものもありますが、それでいいんです」

オンライン・コミュニティを活用したコンテストにはほかに、USA ネットワーク[7]がスポンサーになったものがある。そのウェブサイトを訪れた人は、同局の番組に出演することを想定して自分を映したビデオを、ぜひアップロードするよう勧誘された。優勝すると、コマーシャルやウェブサイトで使ってもらえるのである。マーケティング担当副社長のクリス・マッカンバーによれば、目的はネットワーク・コミュニティのメンバーに「ブランドの一員」になってもらうことだった。

7）アメリカのケーブルテレビ向け娯楽専門テレビ放送局。現在は3大ネットワークのNBCと共に、NBCユニバーサルの傘下にある。

8）コロンビアのラテンポップシンガーソングライター。

WHAT YOU CAN DO

才能を開発する

相当大きなコミュニティなら例外なく、それなりにセンスを持つ人々（物書き、画家、写真家など）が掃いて捨てるほどいて、作品を披露したいと願っている。マスターカードもUSA ネットワークも、ビデオを撮ってアップロードしてほしいとコミュニティに求めたとき、応募作品の大半は質もよくなければ価値もほとんどないだろうと承知していた。それでも両社は、コンテスト参加者の力を借りて、顧客や未来の顧客を自分たちの商品や組織に結びつけていきたいと思った。そして成功を収めたのだった。

的を絞る

アップロードされる映像のうちテーマが違ったり品性に欠けたりするものの数を減らすために、ヤフーはサイトの全顧客ではなく特定の商品の顧客に的を絞った。ヤフー・ミュージックはシャキーラ[8]のファンに、自分だけのオリジナル・ビデオ『Hips Don't Lie』をつくりたいと思わせて、「くだらない」ものがアップロードされるのを回避した。「これを私は参加型マーケティングと呼んでいます」と、ヤフーの最高マーケティング責任者、カミー・ダナウェイは述べている。「商品に対する目を養うのに、顧客に手を貸してもらうのです」

「家族に読んでほしくないと思うような広告は、絶対に書いてはいけない。きみは自分の妻に嘘をつかないだろう。ならば私の妻にも嘘をつかないでくれ」

——伝説の広告王、デビッド・オグルビー

支配権を握るのは顧客

ウェブサイトに商品に関するカスタマー・レビューのページを設ける企業は日を追うごとに増えているが、少々奇妙な気がする。首をかしげるのはこの点だ。いったいいつから、ビジネスリーダーたちは（スポンサーのなかにはほとんどいないが）、商品について肯定的な意見はともかく否定的な意見までもがおおっぴらに述べられるのを容認するようになったのか？　答えはこれだ。お気に入りの商品について顧客が意見を述べたがっていることに気づき始めたときからであり、さらには、信頼できるカスタマー・レビューがあれば、買い物好きの人たちがサイトを訪れるようになって、売上が伸びることを知ったときからである。

2006 年に行われたある調査によれば、カスタマー・レビューを、オンライン・ショッピング利用者の 77 パーセントが信頼し、50 パーセントが購入を決めるのに「不可欠なもの」だと述べている。言いかえれば、こうした店の顧客コミュニティにおいては、どの商品を買うべきかを顧客がほかの顧客に教え、教えられた顧客はその商品を買うということだ。これは、クラウドソーシングがマーケティング手段として利用される、典型的な例である。

売り手のウェブサイトに掲載される商品についてのカスタマー・レビューが急速に増えていくのに伴って、同様のサービスを提供する独立した第三者サイトがいろいろと現れてきた。もっとも、そのスタイルにはサイトごとに独自の特徴がある。

たとえば Reevoo.com は、Dixons[9] や Jessops[10] といったイギリスの小売業大手と直接手を組んでサービスを提供している。それらの店のサイトで買い物をした人に連絡し、購入した商品に対して、あらかじめ分類された項目のうち関心のあるものについて 1 から 10 まで点数をつけてほしいと依頼するのである。

9) イギリスの大型家電チェーン。

10) イギリスのカメラ用品ストアチェーン。

このサイトの魅力の 1 つは、品質や使いやすさなどについてのレビューが、顧客が書いたとおりに表示されるため、サイトを訪れた人がありとあらゆる種類の実際的で役に立つ感想を得られる点である。たとえば、「画面はとても傷がつきやすい」とか「このカメラは形に難があり、首にかけているとあっちを向いたりこっちを向いたりする」といった具合だ。

私たちが訪れたときには、ニューカッスルアポンタイン在住のコリンが、サムスン製ハイビジョン対応テレビの液晶ディスプレーに対して 9 という評価を与え（ちなみに、ほかの 8 件のレビューを見ても 7 件が 9 をつけていた）、画質や音質は「きわめてすばらしい」とコメントしていた。ただ忠告も付け加えられていた。「テレビをきちんと設置しないうちは、台の部分がぐらぐらして、金具を締め直しても改善されない」。このほか、テレビについては 300 以上のレビューが寄せられ、評価される商品も 38 にのぼっていた。

「掃除機」をクリックすると20の商品について116のレビューを見ることができたが、グラスゴー在住のデビッドは、購入したボッシュ製の掃除機に対して、あまりよくないというコメントを記していた。評価は3で、理由は「設計に問題のある、袋のいらないゴミ箱」であり、「すぐ詰まる（キャンディーの包み紙を吸い込むと確実に詰まる）」からだという。さらに、「ゴミを捨てきるのが難しく、プラスチックのタグはすぐ壊れてしまった」とも述べていた。ボッシュ製の掃除機はほかにも種類があったが、それらには購入者たちからはるかに高い評価が寄せられていた。

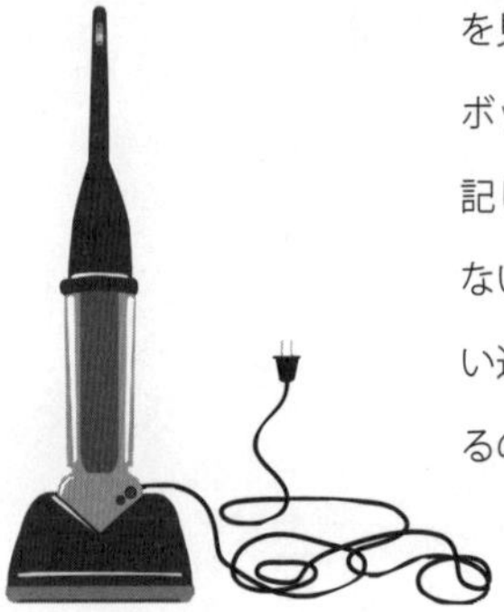

Reevooによれば、アマゾンなどほかのサイトのレビューとは違い、スパムや、顧客による公正な意見に見せかけたメーカーみずからのお世辞のコメントは、実質的に削除されているという。また、金品のやりとりがあると見方が不公正になって評価の質を下げかねない、と考えているため、レビューを寄せた人に謝礼を渡すことはけっしてない。

2004年に立ち上げられたReevooは、パートナーの小売業者から手数料を取って、そうした業者のウェブサイトにReevooのマークを表示できるようにしている（このマークをクリックすると、その商品に関するRevoo上のカスタマーレビューを見ることができる）。2007年春の時点では、レビューや評価は6000万件に達していた。

A WORD FROM WE

「歴史をふり返ってみると、人間は市場に集まっては情報や商品を交換してきた。しかしそのあり方は、大量生産や大量伝達が起きるなかで失われてしまった。それを回復させているのが、ウェブである。また今日、成功しているマーケティングでは、CM や広告到達率に加えて口コミが重視されている。これは、青空市場やバザールや雑貨屋の店先などで行われる、人間的な会話というハイテク機器なのである」

——グループ・コントリビューション

インディアナポリスを拠点とする Angieslist.com は、会費として 10 ドルと、地元のサービス業（配管工や電気工から、ネイリストや犬の散歩代行業まで）に対する会員レビューの購読料として 6 ドルを、毎月 50 万人の会員から集めている。また、支部を 100 以上の都市に置いている。

Angie's List のメンバー特典としてはほかに、地元の情報誌（もとは会報だった）を毎月もらえたり、いくつかの店で割引が受けられたり、水道管が壊れたといった緊急時に適切なサービス業者を探す手助けを電話でしてもらえたりする。サービス業者については、メンバーはそれぞれの経験に基づいて、「価格」「質」「時間の正確さ」「応対の仕方」の各項目に A から F まで評価をつける。レポートを書くこともあるが、これはほかの人にとって大いに参考になる場合がある。メンバーの 1 人は、家を売るにあたり、業者を雇ってペンキや漆喰を塗ったり床材を新しくしたりしたが、こうコメントしている。「3 ～ 5 日で終わるはずだった仕事が、37 日間の悪夢に変わった」

サイトを立ち上げたアンジー・ヒックスは 10 年以上をかけて、「マイホーム所有者のオンライン情報網」を、すなわち Angie's List をつくりあげてきた。たとえば屋根職人を探している場合なら、「屋根職人」をクリックすると、ランク分けされた周辺地域の屋根職人のリストが現れ、職人たちの現在のランクと、割引が適用になるかどうかを知ることができる。さらに個々の業者の名前をクリックすると、詳細なデータが現れる。

WHAT YOU CAN DO

正直者は報われる

オンライン・コミュニティのメンバーにカスタマー・レビューを書いてもらうことは、マーケティングの強力な道具になる。しかし、好意的な意見はすべて企業がみずから書いたのではと疑われたら、たちまちうまくいかなくなってしまう。そうした問題に、オーバーストック・ドットコムは直面したことがあった。レビューを寄せた顧客たちが、商品を褒めるコメントは掲載されるのに否定的なコメントはなぜ掲載されないのか、理由を質《ただ》したのである。やがて、批判的なコメントは、売れ行きのよくない製品ラインの責任者たちによって削除されていることが判明した（ついでながら、オーバーストックはそのレビュー・システムを使って、きわめて高い評価を得ている商品を仕入れ、販促していた）。サイトに顧客のレビューを掲載する場合は、好意的なものに加えて否定的なものも積極的に載せること。それは、顧客の信頼と忠誠を得るための交換条件である。

WHAT YOU CAN DO

（○×式で）選ぶ

カスタマー・レビューを会社の営業活動の一環にしようと思う場合、とるべき道は大きく分けて２つある。外部に頼むか、独自に取り組むかである。外部に頼む場合は、レビュー・ページの管理が思いどおりにできなくなる危険性があるため、外部業者をきちんと監督する仕組みを社内につくる必要がある。独自に取り組む場合は、サイト担当の社員を決めて、不適切な、あるいは好ましくないコメントを監視しつつも、否定的な意見を削除することはけっしてないようにしなければならない。レビュー・ページが成功するかどうかは、掲載の仕方や内容が明快で信頼できるものであるかどうかに、ある程度かかっている。この点については、外部の専門家から助言をもらったほうがいいかもしれない。

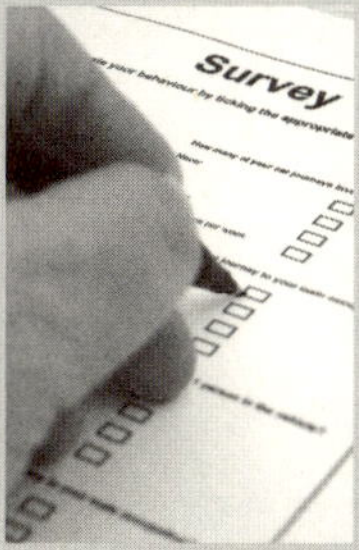

カスタマー・レビューをはじめクラウドソーシングによるマーケティングがあちこちで広く受け入れられるようになっていることは、企業と顧客の関係の質が根本的に変わったことを率直に物語っている。売りたい商品を企業が見せ、そのなかから顧客が選ぶという古い営業方式は、急速に姿を消しつつあるのだ。今日では、顧客のほうがしだいに支配権を握るようになっている。顧客は、使ってみた商品について好きか嫌いかを公言する。頼まれれば、改善点についても喜んで企業に提案する。今後はきっと、企業に対し、自分の好みにぴったり合う商品を考え出すことを求めたり、売り込み方や流通のさせ方を教えたり、そうした仕事がうまくなされたかどうか声高に述べたりするようになるだろう。

あなたは、そうした時代の流れに乗らず、古いやり方をつづけていくこともできる。顧客が求めるものを探し、それを提供することもできる。あるいは、これが最もよい方法だが、顧客がどこへ向かっているのかを知り、先にそこへ行き着くこともできる。

次章では、生産というもう１つの領域において、コミュニティが従来のやり方を変えつつあることを述べる。さまざまな企業において続々と、クラウドが実質的にその企業の製品を生み出し、すばらしい成果をあげるようになっているのである。

05

コンテンツ開発

——クラウドの情熱が成功のカギ

If WE Build It, WE Will Come !

ほんの数年前まで、高い技術を持つ数千人のプロの写真家たちは、町の写真屋に作品の使用を許可することによって、莫大な使用料が支払われることを当てにしていた。しかしもはやそういう時代ではなくなった。新たなテクノロジーとクラウドソーシングの組み合わせは無敵で、写真家たちは大打撃を被るようになっているのである。

かつての流れは次のようなものだった。商品に写真を組み入れるために、雑誌社や広告代理店や企業の広報部や映画会社はあたりまえのように、プロの写真家が撮影した写真を多数持っているフォト・エージェンシーに連絡をした。1枚の写真を1度使うのに100ドル以上支払わなければならないこともあったが、それでも写真家に撮影を依頼するよりははるかに安価だったのである。雑誌の発行部数が減り、広告の予算が削られると、写真の使用料も下がった。しかし、そんなしだいに不安定になる業界のなかで、彼らは写真家たちにセーフティネットを提供しつづけたのだった。

やがてデジタルカメラが登場した。突如として、たとえ高い技術を持っていなくても誰もが、精密で魅力ある写真を撮れるようになったのである。1枚目の出来が今ひとつでも、満足がいくまで何度でも撮り直すことができるようになった。フォトショップ（アドビ社製の画像加工ソフトウェア）を使いこなせば、写真をいっそうよく見せることもできるようになった。デジタルカメラを持つ友人が大勢いれば、プロの写真家に頼まなくても、結婚式や誕生日パーティーや家族の親睦会の様子を記録に残せるようにもなった。

雪のひとひら、ひとひらは、たしかにもろい。
しかし、１つにまとまったときの力はどうだ。

――フェルナンド・ボナベントゥーラ[1)]

そしてクラウドソーシング時代の到来である。数百万の人々がデジタルカメラでどんどん写真を撮り、数百万の写真がコンピュータ上で見られるようになった。そうした写真の大半はプロのレベルには届かなかったが、きわめて多くのよく撮れている写真が巷《ちまた》にあふれた。やがてマイクロストックフォト[2] を扱う会社がネットに登場し、無尽蔵に供給されるデジタル写真を活用するようになった。それらの新興企業はさらに、わずか 1 ドルを払うだけで、顧客が写真をロイヤリティ・フリーで利用できるようにした。

1）17 世紀に活躍したイタリアの画家。建築家。

2）ストックフォトの一種。アマチュアの撮影した写真も含んでおり、インターネット上で通常よりも低価格で取引される。

先駆けとなったのは、カルガリーを拠点とするアイストックフォトだった。2006 年に巨大企業ゲッティ・イメージズ[3] によって 5000 万ドルで買収されたが、3 万 6000 人のメンバーから寄せられた 170 万枚以上の写真を有するアイストック・ライブラリーはゲッティの恩恵を受けている。ゲッティが持つアドバンスト・サーチやインデックス・テクノロジーのおかげで、世界中の顧客が、欲しい写真をはるかに簡単に探せるようになっているのである。質はゲッティ・イメージズで購入する写真に及ばないかもしれないが、いずれも同社の編集者によって選ばれたものであり、社内報などはもとより雑誌の見開き記事をつくるときでさえ、たいてい満足できる。それに何といっても価格が手ごろである。

3）写真や動画などのイメージコンテンツをオンラインで提供するサービスプロバイダー。

アイストックは、今では業界のスタンダードになっている決済システムを導入した。最低購入金額は 12 ドルで、こ

れを 10 クレジットとする。写真の価格は 1 回のダウンロードにつき 1 ～ 15 クレジットだ。サイズが大きくなったり解像度が高くなったりすると、価格も上がる。アイストックの写真は、2.5 秒に 1 枚の割合でダウンロードされている。

このサイトが成功している 1 つの理由は、コンテンツが写真の提供者たちに歓迎されている点である。写真にはコードが記され、アイストックを通じて何枚売れたか、サイト上でとくに注目されて選ばれたのかどうかがわかるようになっている。サイトには写真について技術上、デザイン上の助言が掲載され、またフォーラムでは情報を交換したり意見を述べたりすることができる。多くの人が受け取るロイヤリティはすばらしいものだ。専属カメラマン並みに写真を提供する人は、月に平均 1000 ドルを手に入れる。また、作品を他人に見てもらえることに満足感を覚えてもいる。

本章では、企業が商品あるいはアイストックの場合のようにコンテンツをつくり出す際の、コミュニティの役割に焦点を当てる。従来のビジネスモデルよりすぐれている点は、挙げれば切りがない。アイストックでは、写真の提供者は売るための商品をつくるだけでなく、そのまま販売できる状態にして納品し、適切なキーワードによるカテゴリーに分類して掲載されるようにもする。製品在庫に必要な費用や昔ながらの諸経費が全く、あるいはほとんどかからないため、アイストックは従来のやり方を用いる競合他社よりはるかに安い価格を商品につけることができるのである。

次に、クラウドソーシングによってコンテンツが企業に提供されている例を、さらにいくつか紹介する。それらの例によって、あなたの勤め先においても、あなたがこれから興すかもしれない会社においても、クラウドソーシングは無限に応用できることをおわかりいただけたら幸いである。また、ウィキペディアをまだ登場させていないことに、注意していただきたい。

Zebo.com

Joanna Z は Zebo.com で友人たちにこう語っている。1 番大切な願いと夢は、ランバン[4] の 1000 ドルのパンプスを手に入れることだ、と。ほかのパンプスを目にしてそれがのどから手が出るほど欲しいと思うときも、彼女は生唾を飲み、そしてキーを打つ。「あの円錐形の、黒いヒールといったら！　もう、うっとり」

4) フランスのファッションブランド。

Zebo は、最近増えてきたいわゆるソーシャル・ショッピング・サイトの 1 つで、物質主義者（若者が 500 万人以上、それほど若くない人が少し）が登録している。彼らは、ほかのメンバーのページを次々と見ていき、互いの写真やプロフィールやブログ、さらに求めている商品と持っている商品のリストに目を走らせる。たいていの場合、メンバーを探す基準は性

格でも外見でさえもない。大切なのは、その持ち物だ。そして偶然にも、そうしたウィンドーショッピングによって購買意欲がわいた場合、その意欲は、インターネットベースの電子商取引サイト、ZeboShops において、クリックするだけで満たされる。

ベテランのマーケティング戦略家ロイ・デ・ソウザが 2006 年に立ち上げたサイト、Zebo はみずからを「人々の持ち物を集めた、世界最大の倉庫」と称している。そこには、「現代の若者はその持ち物とイコールである」というデ・ソウザの確信が反映されている。「彼らは持っているものをリストに並べます。それによって自分という人間が定義されるのです」

大半のメンバーは 16 ～ 25 歳だが、なかには 13 歳という飛び抜けて若い人もいれば、その 5 倍の年齢の人もいくらかいる。「Sircharlie M、63 歳、妻と離婚」というプロフィールの人は、家を 1 軒と、2004 年製シボレーのトラックと、リモコン操作で動く手製の飛行機を 8 機持っている。そして今、欲しいと思っているのは「デートをしてくれる素敵な女性」だ。

ほかにも、ありとあらゆるものがサイトにはある。「著名人のプロフィール」欄には、「スターみずからの書き込みによる、持っているものと欲しいもの」が掲載されている。

たとえばマイク・ジェイムズは、2007 年にミネソタ・ティンバーウルブズと 2300 万ドルで 4 年契約を結んだポイン

ト・ガードだが、持っているもののリストにはプラズマテレビ、プレイステーション、ソウルフード（黒人の伝統料理）、メキシコ料理、チキン・ヌードル・スープ、ピット・ブル（テリアの一種）2匹、入れ墨、リンカーン・ナビゲーター（フォードの高級車）、マセラティ社[5]製の車が並んでいる。欲しいもののリストにあるのは、「テレビゲームを山ほど」と、日産クエストと、フォードF-250のトラックである。

5）イタリアの自動車メーカー。現在はフィアットの傘下に入っている。

ZEBuzz フォーラムでは、「同じように退屈しているほかの人たち」とリアルタイムで会話をすることができる。欲しいものが何であれ、それについて独自の仲間をつくることもできる。

ZE'Answers では、買い物や製品について質問が投げかけられたり答えが寄せられたりしており、ちょっとした製品情報を得ることができる。あるとき、テイラーという人が最も人気のある携帯電話の色について質問をした。86人が返答したが、そのなかの携帯電話を持っていない1人がこう述べた。「ちゃんと機能してさえいれば、色なんてどうでもいいんじゃないですか。機能していなければ、持つ価値はありません」

Zebo.com は電子メールを遮断できないため、ネット上でストーカーやいじめをする人に若いメンバーが狙われるのではないかと心配する親たちにとって頭痛の種になっている。また、高価な車やAV機器や宝石などを持っていることをネット上で自慢するのは、強盗に家の鍵を渡し、その強盗のために家の明かりをつけっぱなしにしておくようなものだ、と批判する人もいる。

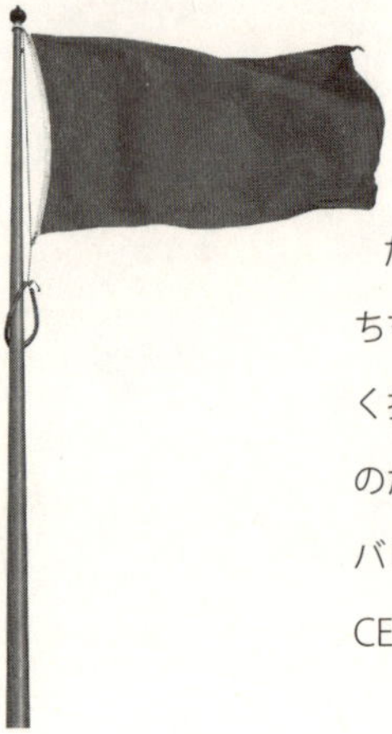

しかし、Zeboのメンバーを狙うのは、強盗ではなくマーケティング担当者のほうだろう。定期的にサイトを訪れる人たちは、製品に対する好みや買い物をする際の習慣を、すなわちマーケティング担当者が欲しがるデータを大量に、惜しげもなく提供している。そしてこれには誰もが簡単にアクセスできるのだ。その点を、デ・ソウザは見逃してはいない。彼は、シリコン・バレーにあるインターネット広告のサービス会社、Zedo.Inc.のCEOであり創設者でもある。

「新しいものを見る」という見出しの下には、「さまざまな店から集められた、一押しの新製品」が出品されている。メンバーやビジターは数千点の品物にリンクすることができ、次いで、評価したり、ブログに書いたり、欲しいもののリストに加えたり、すぐに購入したりするよう促される。ここに出されている品物は、3ドルの「Coiにもらった Scottyのグリーティング・カード」から425ドルのルビーまで実にさまざまだ。商品の写真をクリックすると、評価するためのバーと、「この商品を良いと思いますか、それとも良くないと思いますか」という質問が現れる。次いで、その商品を10点満点で評価することになる。

なかには非公式な商売人もいる。52歳の離婚女性と称するブレンダは、フランスのブランド、ルイ・ヴィトンの商品ばかり19品を持ち物リストに連ねているが、まだまだ欲しいと記している。しかし、スクロールして「ブレンダのZeboブログ」を見ると、彼女が実は流行のブランド商品の再販業者であること

がわかる。「現場から直接」買い付け、「卸売りよりはるかに安く」売っているのである。ブログには、商売用のホームページ・アドレスと電話番号も記されている。

物質主義的な願望を介して人々が結びつくことをあなたがどう思おうと、デ・ソウザが独創的な方法を見つけて、若者が大半を占める巨大コミュニティを手に入れ、いっそう多くの人をサイトに引き寄せるコンテンツを提供してもらっていることは認めざるを得ない。そしてこれこそがクラウドソーシングなのである。

WHAT YOU CAN DO

熱くなる

Zebo.com をはじめ、きわめて多くのコミュニティ主導のサイトが成功しているのは、基本的な前提のおかげである。それは、若者は所有物に、すなわち自分が持っているものや自分が欲しいものに熱心だということである。このことから、クラウドソーシングを生産工程として考えている人にとって重要な事実がわかる。クラウドというのは、彼ら自身が楽しめる領域で感動して初めて、近づいてきてくれるものなのだ。アスピリンの新製品に関するサイトに時間や金を捧げようと思う人はいないが、疼痛管理について情報や意見を交換するために立ち上げられたサイトなら、多くの人がアクセスしてくることだろう。

WHAT YOU CAN DO

クラウドに参加してもらう

Zeboのサイトを見ればわかるが、意見を述べる機会を多く提供すればするほど、人々はサイトを頻繁に訪れその活動に深く関わるようになる。フォーラムもテーマ別の質問・回答ページも評価システムも、すべてはメンバーを飽きさせず、サイトを訪れ、いっそう多くのコンテンツを提供しようという気にさせるために用意されたものだ。こうしてすべてがうまくまわっていくのである。

This Next.com

Zeboと同様ThisNextも、メンバーの力を借りてそのコンテンツを、つまりメンバーのお気に入りの商品リストを生み出している。そしてやはりZebo同様、いろいろな店にリンクを張っている。

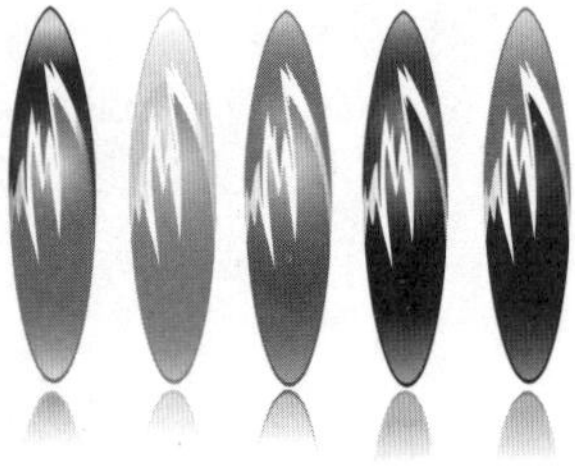

サーチ・バーに商品名を入力すると、おすすめの商品とすすめている人のリンク集が並ぶページへ移動する。私たちが「サーフボード」と入力してみたところ、22の商品が現れた。サーフボードの形をした小さなタオル用フック（Jodyは「子ども用のトイレが明るい感じになります」と感想を寄せていた）もあれば、ラスティ[6]のショートボード（Allysonによれば、「ポテト

6）アメリカのサーフボードブランド。

チップスのように薄く、回転性はあるが、急な方向転換は無理」）もあった。いずれの商品についても、すすめているメンバーの人数や、どんなタグがついているものを選ぶといいか（「waves」や「Venice」が良いそうだ）といった情報を知ることができた。またその商品を購入できる場所についても記載されていた。

ThisNextは、やはりZeboと同じように、ソーシャル・ショッピング・サイトとして知られている。メンバーは、写真やプロフィール、さらには「次はどんな大きな飛躍をしたいですか」といった質問に対する答えを掲載して、自分だけのページをつくることができる。ほかのメンバーのブログを見て、商品に対するさまざまな意見を知ったり、単に連絡をとったりすることもできる。また、ThisNextの会員リストは、商品に関することが中心ではあるが、好きな活動（料理、登山など）から趣味（映画鑑賞など）やライフスタイル（緑に囲まれた生活など）まで幅広い内容が記載されている。

一応、商品を掲載する人はみな一般の消費者ということになっているが、ある企業の社員が一消費者としてサインアップして自社製品を販促することはたやすい。コンサルタントのなかには、商品を「はやらせる」手段として、ぜひそうするようにと助言する人もいる。しかし、そうした助言に従って商品が推薦されることはほとんどない。あるメンバーが『ニューヨーク・タイムズ』紙に語っていた。「私は仲間が、つまり自分と似た人たちが、おもしろいものを紹介し合う、という考え方が気に入っています。そうして得る情報は信頼もできるんです」

WHAT YOU CAN DO

あらかじめ知っておく

サイトをクラウドに開放すれば必ず、自分自身の目的のためにサイトを利用する人が現れる。ThisNext で多いのは、一般消費者になりすました企業の社員が、自社の商品を販促するケースだ。この場合、そうした商品に対する推薦文と、ほんとうの推薦文とを見分けるのが難しくなる。偽物や危険なもの、あるいは不適切な紹介文は削除するようにすること。しかしながら多くの場合、最良の方策は、よからぬ人々が現れるだろうことをあらかじめ知っておくことである。そして実際に現れてしまったら、「やれやれ」と肩をすくめよう。

バーチャル・ツーリスト・ドットコム

1999 年に登場したこのサイトは、登録メンバーが 88 万人以上、1 カ月あたりの訪問者も 500 万人という数を誇る。創設者たちは、旅に関するアドバイスは実際に旅したほかの人たちから寄せられるものが最も役に立つはずだと思い、ウィキノミクス・スタイルのサイトを、つまり、人々が旅の経験や写真を共有したり、現地のホテルやレストランや観光名所について耳寄り情報を提供したりできるサイトをつくれないものかと考えた。そしてそんなサイトが実際に、それも申し分のないものができた。サイトには 2 万 7000 以上の場所に関する耳寄り情報が 148 万件、写真も 290 万枚が掲載されている。フォーラムを訪ねればメンバー

に質問することができ、85 パーセントに回答が寄せられる。ただ、メンバーはサイトの性質を著しく拡張させ、個人的な情報を公開して友人をつくっている。そのうえ、多くのメンバーがこのサイトをバーチャル世界の外へ抜け出させている。直接会って新たなコンテンツを生み出し、それをサイトに提供しているのである。

ホームページには、メンバーの寄稿によって構成される、いわば旅行案内書というべき案内ページがずらりと並んでいる。どのページも、「現地の習慣」や「観光客を食い物にする場所」などテーマを大きく 13 に分けてつくられている。私たちが見たバンコクのページでは、広告やスポンサード・リンクに加え、その都市に関するフォーラムへのリンクやホテルその他の割引が受けられるサイトへのリンクを見つけることができた。また、メンバーのリストもあり、ページに寄稿したバンコク在住者も載っていた。もっと多くの情報が欲しい場合、メンバーは寄稿者に電子メールを送ることができるのだ。

バンコクの案内ページに寄稿したメンバーの 1 人で、SirRichard という人は、実際にはマドリッドに住んでいた（彼のモットーは、「迷ったときは、とりあえず動こう」だ）。しかし A（アルバニア）から Z（ジンバブエ）まで 47 カ国を訪れ、寄稿してきた。そうした国々についての概要は旅行本から失敬していたかもしれないが、彼の耳寄り情報は詳細で、体験に基づいており、バンコクを訪れるほかの旅行者にとって的を射たものだった。SirRichard はサイト内で 5 番目に人気のある寄稿者としてランク付けされていたが、これは耳寄り情報に対するほかのメンバーからの評価に基づいている。

訪れたいと思う土地について楽観的な見方ばかりするまことしやかな出版物にうんざりして、今では数百万の人がバーチャル・ツーリストを利用するようになっている。また、アメリカン航空からウェスティン・ホテルまで数十の大企業が、現実のものを扱うバーチャルな空間に、喜んで広告を掲載している。

WHAT YOU CAN DO.

コンテンツを限定しない

あらためて言うまでもないかもしれないが、明らかなことが２つある。１つは、人々は旅行について正直で信頼に足る情報を求めていること。もう１つは、旅行者は自分の経験を話したがることである。この２つの事実を単純に結びつけて、バーチャル・ツーリストは、人気があり、将来的に利益の見込めるサイトを生み出したのだ。同じ方程式はあなたも役立てることができる。コンテンツをクラウドソーシングによって生み出したいと思うのが、既存の企業のためであれ、あなたがこれから立ち上げる会社のためであれ。人々が望み、必要としているものを探すこと。そして、その要望を満たすために熱心なコミュニティが生まれるような方法で、それを提示すること。

起きる場所を限定しない

今日のクラウドソーシングは大半がインターネット上で起きているが、別なところでも起きうることを忘れてはいけない。バーチャル・ツーリストのメンバーによるオフライン・ミーティングはその好例だろう。コミュニティがどこに存在しようと、アイデアや情熱の周辺はクラウドソーシングが起きる可能性に満ちている。企業の利益になるようクラウドを導くのに、インターネットほどよく使われている手段はない。しかしそれが唯一の手段ではないのである。

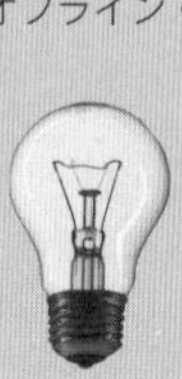

A WORD FROM WE

「なるほどと頷けるものであるかぎりは、外部の発案者でも、外部の実践的先駆者でも、外部のデザイナーであってもかまわない。外の世界にはわが社の利益になるアイデアが数多くあると、われわれは信じているのだ」

——リーバイ・ストラウスのマイケル・パーマン

チャチャ・ドットコム

今この瞬間でさえも、アメリカ国内あるいは国外のどこかで、もしかすると近所の家や飛行機の隣の座席かもしれないが、誰かがコンピュータに覆いかぶさるようにして座り、ある事柄に関する他人の疑問に、昼夜を問わずいつでも、熱心に答えようとしている。それがチャチャ・ドットコムが存在する前提だ。チャチャは、2005年12月にインディアナ州カーメルで、イライラと落ち着かない2人の起業家によって立ち上げられたサイトである。

チャチャの会長兼CEO、スコット・ジョーンズは25歳のときに、世界で最も人気のあるボイスメール・システム（愛用者は今や10億人以上だ）を発明した。また、音楽認識やロボット工学といった共通点の全くない分野で次から次へと会社を立ち上げた。さらに、アップルのiPodやロボット型芝刈り機のなかで使われる革新的なものも発明した。一方、チャチャの社長ブラッド・ボスティックは、ボステック・コーポレーションを設立し、カスタム・ソフトウェア開発からエンタープライズ・インテグレーション・ソフトウェア[7]の提供者《プロバイダー》へと成長させた。また、NearMed

7）企業のシステム、アプリケーション、ビジネスプロセスなどを、企業全体で統合して効率化を行うソリューション・ソフトウェア。

という、医療サービス提供者向けの遠隔医療システムも開発した。

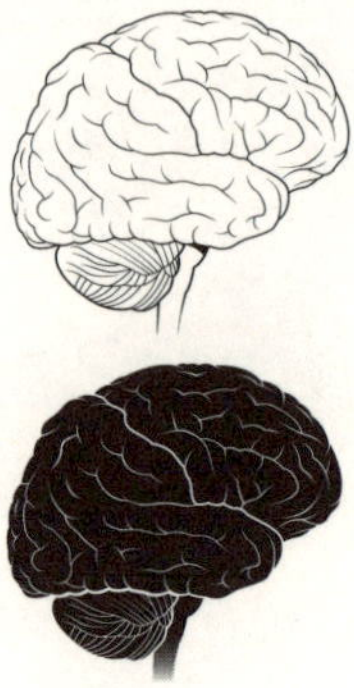

2005年のこと、2人は昔ながらの検索エンジンにイライラしていた。最初に出てくる数十、数百の無関係な答えをより分け、求めているまさにその答えを見つけ出すのに、あまりにも時間がかかりすぎるのである。そこで2人は、機械の検索力と人間の脳を結びつけて、この問題を解決することにした。

調べたい言葉を入力すると、チャチャの検索が始まる。即座に示される結果は、最高の検索技術と、チャチャ・コミュニティ（チャチャ・ガイドと呼ばれる検索のエキスパートから成る）が厳選したサイトが組み合わさったものである。さらに助けが必要な場合は、ガイドと直接いっしょに作業するという選択肢を選ぶことになる。するとチャットが始まり、ガイドからの挨拶が画面上に現れ、喜んで検索の手伝いをする旨が伝えられる。欲しい情報を明確に告げると、ガイドによって最適な情報が探され、リンク先のみが表示される。その結果に満足できない場合は、別のガイドに依頼し直すことになる。

2007年秋現在、スコット・ジョーンズがめざしているのは、約5万人のガイドが検索作業を行ってコンテンツ提供の手助けをし、100万人がサイトを利用する、そんなコミュニティである。ガイドは訓練を受け、その後5～10ドル程度で1時間の検索を引き受ける。金額は検索の手助けを依頼した人からの評価と検索した件数によって決まるが、関係者の誰もが頷くとおり、ガイドがどれほど優秀かという一点に事業の成功はかかっている。

チャチャでの検索は無料だ。創設者の2人としては、サイトに載せる広告から少なくともいくらかは利益をあげたいと思っている。2人によれば、本格的に利益が出るようになるのは、彼らのサービスが携帯電話のユーザーにフリーダイヤルで利用してもらえるようになるときだという。スポーツの試合の結果のような単純な検索の場合は音声認識ソフトウェアが対応し、ほかの検索についてはガイドが手腕を発揮することになるだろう。また、電話をかけてきた人が検索結果を待つ15～30秒を利用してスポンサーたちは宣伝をしたいと思うはずだ、とも2人は考えている。

ところで、ふしぎに思われているかもしれないので説明するのだが、この企業の名前はラテンダンスのチャチャとは関係ない。そうではなく、「検索」の意味を表す中国語の「査《チャ》」に由来している。

WHAT YOU CAN DO

質を維持する

コンテンツ・プロバイダーを管理するのに、チャチャは顧客にガイドを評価してもらうという手段をとっているが、これはクラウドソーシングを取り入れている多くのサイトも同様である（このやり方がクラウドソーシングの広がりを示すもう1つの例であることは言うまでもない。従来型企業なら社員がする仕事を、顧客が担っているのである）。たとえばイーベイでも、買い手は配送のスピードから届いた商品の状態にいたるまであらゆることに関して売り手を評価する。人々にサイトを訪れてもらえるのは、人々が自分の望むとおりの手応えを得られている場合だけだ。そのため、それをさまたげるものは何であれ（事業の質に関するどのような欠点も）、たやすく顧客をほかのサイトへ向かわせることになる。社員か顧客、あるいは両者によって絶えず警戒すると、利益となって報われるのである。

WHAT YOU CAN DO

「ミディアム・レア」で行く

本書その他で紹介するクラウドソーシングは、大半がインターネット上に登場するため(それは実際クラウドソーシングが広まる大きな要因ではあるが)、電話を使おうというチャチャの戦略はむしろ斬新に思える。その発想の単純さは魅力的でもある。コンピュータを立ち上げる必要も、検索キーワードをあれこれ入力する必要もなく、受話器のボタンをいくつか押すだけで、答えが得られるのだ。それはまるで、鉄器時代の道具か何かが、電子機器の代わりを立派に果たすことがわかったようなものだ。このことから、肝に銘じておこう。オンライン、オフラインを問わずあらゆる種類のコミュニティが、クラウドソーシングのパートナーになる可能性を秘めているのだ、と。

カレントTV

カレントTVはサンフランシスコを拠点とする、24時間放送の、ケーブルと衛星を使った独立したテレビ局だが、その視聴者がつくるコンテンツ、VC^2は、この局で放送される番組のうち3分の1を生み出している。そして、それほど偶然ではなく、ここでもまたインターネットを介さないクラウドソーシングが起きている。視聴者はテレビ画面に映されることをめざして作品をつくるが、その5分間の作品に放送する価値があるかどうかは視聴者コミュニティが投票によって決めるのである。しかし、視聴者がOKを出しても、それで放送が保証されるわけではない。視聴者の選んだ作品がゴールデンタイムにふさわしいかどうか、最終的な判断はカレントTVのプロデューサーが下している。

アル・ゴア元副大統領と起業家で資金調達のプロであるジョン・ハイアットが2005年に立ち上げたこのテレビ局は、当初はたいへんな中傷を受けた。たとえば『ウォールストリート・ジャーナル』紙は「ニュースといえるような番組がなく、無知なものが大半を占め、たいていは退屈で……つまらない」とあざけった。しかしこの2年のあいだに起きたことをもとに言えば、無知で、ウィキノミクスの力を著しく過小評価しているのは『ウォールストリート・ジャーナル』のほうである。進取の気性に富む映画制作者や市民記者や視聴者自身による短い投稿作品は絶えず世間の注目を集めており、またユーチューブやグーグル・ビデオやヤフーなどのサイトを見れば、視聴者がつくった娯楽作品がどれほど高い人気を博しうるかがわかるだろう。

さらに言えば、カレントTVにはそれらのサイトに勝る重要な点がいくつかある。1つは、コマーシャル作成の面で優位に立っている点である。ソニーやロレアルやトヨタなどの企業はカレントTVの視聴者がつくったコマーシャルを流しているが、この視聴者とは主に、何かと役に立つ18～34歳の人たちのことである。そのため広告主たちは、すばらしいコマーシャルを安く手に入れ（ロレアルは、視聴者の手になる洗練されたみごとなコマーシャルに1000ドル支払ったが、それは社内でつくった場合の150分の1の価格だった）、そのうえ若い顧客の嗜好の変化を見抜く力も得るのである。

もう1つは（長い目で見ればこちらのほうがはるかに重要だが）、誰かが撮ったビデオ映像をウェブサイトで公開することと、作品をれっきとしたテレビ・チャンネルで放送す

ることの違いを浮き彫りにしている点である。言いかえれば、ドットコム企業およびその言葉に今なおつきまとうさまざまな課題と、長きにわたって実績をあげてきたビジネス・モデルとの違いをはっきりさせている点である。

カレントTVで放送されている番組は、近頃はやりのさまざまな文化的なものや、特定の考えを支持するものである。たとえば、今なお続く中東の混乱や、第三世界諸国の貧困、アフリカのエイズ禍、ハリケーン・カトリーナがもたらした徹底的な破壊といった問題が取り上げられている。カトリーナを扱った番組は、ニューオーリンズの住人によって撮影されたが、放送されたのは、全国ネットの取材記者がその町へ向かうより前のことだった。

8）ギリシア神話に登場する悲劇の予言者として知られる王女。

WHAT YOU CAN DO

辛抱強くなる

カレントTVの創設者たちがもし「凶事の予言者《カサンドラ》[8]」の言うことに耳を貸していたら、放送が始まることはなかっただろう。やがて明らかになったとおり、このテレビ局の前提条件であるクラウドソーシングは大いなる成功を収めており、今ではアメリカで4000万以上、イギリスで1100万の世帯で視聴が可能になっている。ただ、（多くの若い視聴者がカレントTVにしっかり結びついているように）あなたが自社のクラウドソーシングとしっかりと結びつくコミュニティを見つけたとしても、メンバーが積極的に参加して、質的にも量的にもあなたの必要性を満たすコンテンツを生み出せるようになるまでには、しばらく時間がかかるかもしれない。

本章で紹介したすべての企業を結びつける重要な要素は、関係するコミュニティの、製品を生み出そうという積極性（まさしく意欲）である。年を追うごとに、テクノロジーはますます進歩して、クラウドはさまざまなコンテンツを生み出すようになっている。年を追うごとに、いっそう多くのドットコム企業が現れて、コミュニティの力を活用するようにもなっている。欲望や思いこみによって制限されないかぎり、チャンスは実質的に無限なのである。

次章では、クラウドソーシングがもたらすすばらしい成果をさらに探っていく。実は、十分な資金提供を受けられなければけっして実現できないベンチャービジネスに対して、融資してくれるサイトがある。あなたは融資を受ける必要に迫られているだろうか。あるいは、クラウドの莫大な現金資源を活用する方法について、すばらしいアイデアを持っているだろうか。もしそうなら、次章はまさにあなたのためのものである。

06
資金調達
——ソーシャルレンディング

Welcome to the World Bank of WE !

コロラド州ロングモントに住むリン・タウンゼンドは、かわいいビション・フリーゼ（白い巻き毛の愛玩犬）のバディが足を怪我したとき、広いつばのあるいわゆる「エリザベス朝様式の首輪」をつけさせるのはいやだと言って断った。いかにもつけ心地の悪そうな円錐形のプラスチックの首輪をつけると、まるで犬の頭がランプのかさにすっぽりはまり込んでいるように見えるのだ。そこで靴下にゴム紐を縫いつけ、その靴下をバディにはかせて紐を胴体にまわしたところ、うまい具合に、傷口を覆うと同時にバディが「包帯」をなめたり噛んだりするのを防ぐことにもなった。これをタウンゼンドは紐（ストラップ）と靴下（ソックス）を組み合わせて「ストロックス」と名づけたが、おかげでバディはとても快適に過ごせたし、言うまでもなくタウンゼンドもじろじろ見られて不愉快な思いをせずにすんだ。

それどころか、あまりに良い出来だったので、これは商品として売れるにちがいないとタウンゼンドは考えた。そして2006年の初めにベスト・バディ・ペット・プロダクツ（www.thestrock.com または www.bestbuddypetproducts.com）を組織し、家庭用ミシンでブランドネーム入りの「ストロックス」を作り始めた。今度のストロックスは耐水性で、ネコなどイヌ科ではない動物にも対応できるようさまざまなサイズをそろえ、紐には長さを調節できるベルクロ・ストラップ[1] を使った。そして売り込みの電話をわずか3度かけたところで、600もの系列組織を持つ動物病院のお墨付きをもらった。突如としてタウンゼンドは、大量のストロックスを当然いつでも用意できなければならない状況に、ただし支払いは納品した後にしか受けられないという状況に置かれることになった。

1）マジックテープ式のストラップ。

ここでは、金の流れはゆるやかになることさえない。

——匿名希望

タウンゼンドは融資を受ける必要があった。しかし困ったことに、IBMでの仕事を辞めていたため収入がなかった。クレジットカード破産の記録もあった。会社を経営した経験もなかった。当然ながら、地方銀行や中小企業局から融資を受けることはできなかった。

どうすればいいのか？　そう、ウィキノミクスである！タウンゼンドはプロスパー・ドットコムを調べ、過去に融資を受けたりこれから受けようとしたりしている人から成る、コミュニティの事業主協同組合に加わった。そしてプロスパーの自分のページに融資してほしい旨を掲示すると、貸す意志のある人たちによって入札が行われ、最終的には合計77人が資金援助してくれることになった。2006年5月21日、タウンゼンドは9500ドルを12.75パーセントの利率で借り入れることができたが、それはクレジットカードの融資を受けた場合の利率よりかなり低いものだった。タウンゼンドは借りた金で、オフィス用品を買ったり、近くの工場で大量生産する準備を整えたり、商標を登録したりした。

プロスパーはコミュニティが持つ融資者としての力をみごとに引き出しているが、実は、人と人とが直接貸し付けを行っていた昔の習慣に、最新式の工夫を加えているにすぎない。銀行もインターネットもない1700年前のはるか昔、中国にはlun-huiというコミュニティがあり、そこで暮らす人々は互いに金を借り合っていた。また、カリブ海やアフリカや韓国やベトナムでは数百年前から、金を出し合って蓄える独特の習わしが続いている。毎週、一定額の金を出し合い、月末にな

ると集まった金のすべてを順番に受け取るのである。カリブ海ではsusu、韓国ではkaes、ベトナムではhuiとして知られるこうした融資社会は、アメリカ各地の移民コミュニティでも見ることができる。そして、実はそれこそが、プロスパーが誕生するきっかけになったのだった。

1983年のこと、リナ・ラムとその家族は、ベトナムから亡命し、カリフォルニア州サンノゼに移り住んだ。収入は全くなく、家族7人がワンルームのアパートで暮らした。その後、隣人たちと仲間になり、一種のhuiでどうにか集めることのできたわずかばかりの金を貯めた。一家はその金で車を買い、やがて造園業を始めることになった。

一方、クリス・ラルセンは、会計士の学位を取ってサンフランシスコ州立大学を卒業した。数年のあいだシェブロンに勤め、その後スタンフォード大学でMBAを取得し、1992年に住宅ローン事業を開始。4年後にE-Loanを始め、消費者金融で270億ドル以上の取引を成立させるが、2005年ポピュラー社に3億ドルでこれを売却した。そして次なる活動へ向けて、プロスパーを立ち上げた。

プロスパーを立ち上げるアイデアを、ラルセンはどこから得たのだろう。ある程度は妻のリナ・ラムからだった。彼女は『ビジネス・ウィーク』誌にこう語っている。「(ベトナム人が) 互いに協力し合って生きていくその方法に、彼はとても興味を惹かれていました」

こうしたサイトで金を貸し借りする根本的なメリットは簡明だ。

ほかで貸し借りした場合より、借り手は支払う利息が少なくてすみ、貸し手は高い利回りが得られるのである。

プロスパーは2006年2月にオンライン化された。仕組みはイーベイによく似ているが、オークションにかけられるのは、中古の自転車でも漫画の全巻セットでもなく、貸付金である。登録は無料でできる。借り手は、希望する融資金額（2万5000ドルが上限）と払おうと思う金利をサイト内のページに書き込む。さらには、金を借りたい理由や、貸し手に関心を寄せてもらうのに役立ちそうな自分自身に関する情報も掲載する。融資希望者について、プロスパーは信用調査を行い、AA（最高得点）からHR（「非常に危険」）やNC（「信用履歴なし」）まで8段階でスコアをつける。借り手の、収入に対する借金の割合も定められている。オークションは借り手の判断によって3～7日つづけられる。

プロスパーは借り手に、数千あるグループのいずれかに加わることを勧めている。リーダー1人と、多くの場合、兵役に就いていたとかペンシルベニア州立大学の学位を持っているとか離婚して独り身であるといった何らかの共通点を持つ人々で構成されるグループである。メンバーのなかに過去に借金をきちんと返した人がいると、そのグループに加わった借り手は、貸し手からより低い利息で融資を受けることができる。グループ全体として、支払い不履行のリスクが低くなるためである。また、リーダーからは助言をもらえるが、高くつく場合がある。借り手であるメンバーが資金援助を受けられることになれば、リーダーは最高20ドルの報酬を受け取ることができる。借り手が月々の返済を予定どお

り行うときも、そのたびに特別な報酬を得ることができる。もっとも、この「共有される報酬」については、多くの人が受け取らない。

PAST DUE

グループはプロスパーという大きなコミュニティのなかで、個々のコミュニティとして機能しているため、一定の規律をメンバーに課す。huiの住人と同様グループのメンバーは、借金を返せなくなって面目を失うことをおそれている。そうなれば、今後借りたいと思ったときに金銭的な影響が出ることはもちろん、グループの経歴に傷がつくことも気にとめている。

資金を提供してもらえた借り手は、融資を受けたときに1～2パーセントの手数料をプロスパーに支払い、登録された貸し手は貸付残高に応じて年0.5～1パーセントのサービス手数料を払う。設立後わずか1年あまりで、プロスパーは1万1100件、合計6500万ドルを超える融資を行ってきた。貸付金のうち焦げ付いているのは、金額としておよそ2パーセント、件数にして3パーセント（339件）である。

A WORD FROM WE

「ふしぎに思うかもしれないが、最近の研究によれば、消費者の4分の3がソーシャル・レンディング・コミュニティを通じてオンラインで借金することを検討しているという」

――グループ・コントリビューション

ゾーパ

ゾーパの歴史はプロスパーより古く、設立は2005年春である。プロスパーがまじめな、銀行家のようなスタイルを打ち出しているのに対し、ゾーパは銀行をはじめとする保守的な組織に挑戦するような態度をとっている。「（われわれのことを）ほかにどう呼んでいただいてもかまわないが」とホームページでは述べられている。「『銀行』とだけは呼ばないでいただきたい」。「市場」

のほうがまだいいという。いったい銀行の何がそんなに気に入らないのか？　銀行は、「膨大な諸経費がかかり、何千人もの社員に給料を支払わなければならず、風水が定める縁起のよい方向に数百の支店を持ち、満足させるべき金持ちが数え切れないほどいる。そして、人々の金を正当な取り分以上に自分のものにしている」

この2つのソーシャル・レンディング・サイトには本質的な差異があることは周知のとおりだ。ゾーパでは、借り手の融資を受けられる可能性を高めたり貸し手のリスクを減らしたりするのに、メンバーから成る個々のコミュニティを頼ったりしない。融資を望む人は、信用調査とリスク評価を受ける。受かれば、リスク因子によってA*～Cでランク付けされる。ゾーパは借り手に保険制度を提示し、病気になったり事故に遭ったり失業したりした場合にも月々の返済が滞らないようにしている。

貸し手は、どの程度の利回りを望み、A*～Cのどのランクの人に融資し、いつ返済してもらいたいかを告げる。融資した金は

小分けにされ、借り手となる人たちに分配される。500 ポンドを超える融資には最低でも 50 人の借り手が必要で、また同じ人に 2 度貸すことはできない。さらに、貸し手はまだ貸し出されていない融資金に対して 4.5 パーセントの利息を受け取る。

『ザ・デイリー・テレグラフ』紙によれば、2007 年春現在、ゾーパのメンバーは 13 万 5000 人、年利率は平均 6.8 パーセントである。ゾーパに融資を申し込む人のうち半数以上は信用調査で引っかかり、融資を拒否される。返済が滞っている借り手は、A ランクのおよそ1パーセント、Cランクでは3パーセントにのぼる。

少なくとも 1 つの分野において、ゾーパはみずからを銀行と比較してはばからない。「滞っている支払いに関しては、貸し手に代わって集金代行業者が取り立てる。これはまさしく、銀行をはじめとする金融機関が使っているのと同じプロセスだ」。むろん、銀行と違って、ゾーパの貸付金はイギリスの金融サービス保険機構[2]による恩恵が適用されない。さらに言えば、アメリカの連邦預金保険公社[3]による恩恵も適用されない。

2）消費者の預金（投資商品なども含め）保護を目的として設立された組織。

3）世界恐慌で多くの銀行が破綻したことから連邦議会が創設した公社。加盟銀行が破綻した場合には、預金者 1 人あたり 10 万ドルまでの預金を補償する保険を提供する。

そう、ゾーパはサンフランシスコに拠点を置き、ベッセマー・ベンチャー・パートナーズ（アメリカで最も古いベンチャー投資会社）から 1500 万ドルの投資を受けて、アメリカ市場に参入した。「確信を持って言うが、いずれゾーパはいかにもアメリカらしいケーキになる。いうなれば、スコーンではなくむしろブラウニーに」。ゾーパはそう断言したのだった。

WHAT YOU CAN DO

舞台を整える

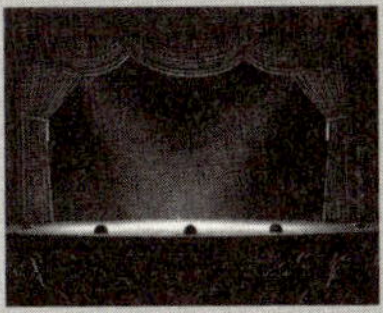

クラウドソーシングによるサイトその他を始める人は、引き入れるコミュニティに対して歓迎する雰囲気をつくり出す必要がある。むろん、プロスパーやゾーパと同様、効率性は欠かせないが、然るべき雰囲気を持つことも必要なのだ。前述したとおり、プロスパーのサイトにはきちんとした、銀行のような趣がある。一方ゾーパはどこか鋭く、ユーモアのセンスに富んでいる。

いっそうの努力をする

ゾーパの創設者たちはまるで、じっくり腰を据えて、基本的な貸し借りの手順を整え、さらにこう考えているかのようだ。「メンバーに心地よく感じてもらうために、ほかに何ができるだろう」。そして自分たちにできることを見つけた。

貸し手のためには、まだ貸し出されていない融資金に対して、悪くない利息を払うという決定をした。借り手のためには、事故や失業に備えた保険を提供した。実に行き届いたことである。

A WORD FROM WE

「小口融資を行うウェブサイトでは、個人が直接、小企業に融資することが可能になっている。貸すかどうかの判断（それぞれの融資に対するリスク評価）は個人によってなされ、融資の額は貸し手の入札によって決定される。われわれは、こうした融資に関する決定が、これまで銀行の専門家によってなされてきた同様の決定よりすぐれたものになることを期待している」

――WE ARE SMARTER コミュニティのメンバー、レックス・ミラー

コモン・エンジェルズ

1998年6月のこと、ボストン・コモンにほど近いレストランで、ソフトウェア会社の元CEO数人が朝食の席を囲み、新しいタイプの会社を立ち上げた。それまでは、個人投資家として、おのおの個別に資金を提供して新興企業を支援していた。今度は、エンジェル[4]の一団となって、有望な若いIT企業を検討し、選び、資金を提供することになったのだった。そして、近くにある歴史的に重要な集会場に敬意を表し、立ち上げた会社をコモン・エンジェルズと名づけた。

4) とくにベンチャーなど、創業間もない会社に出資を行う個人投資家。

CommonAngels
Uncommon Expertise

そのときからというもの、クラウドソーシングの試みは創設者たちの期待以上に成功を収めてきた。メンバーとして、投資家70人と、さらに共同投資会社2社の有限責任社員50人あまりが参加。みなで34の企業に3800万ドルを投資し、数々の成果をあげてきた。ほかのエンジェル・インベスターたちに、あとに続こうという勇気も与えた。

さまざまな意味で、コモン・エンジェルズはコミュニティに内在する力を証明しているが、それは金銭的な領域だけでなくビジネスのあらゆる局面に及んでいる。共有の精神を基本にしているため、メンバーたち（ソフトウェアやITやインターネットについての専門知識を持つ、経験豊かな起業家たち）はおのおのの知識や経験を合わせて、あらゆる投資決定をする。また、個人的な、あるいは仕事上の幅広い人間関係を活かして、掘り出し物や関連する専門知識を次から次へと提供している。さらには、自分自身の財産がかかっているため、真剣にそのプロセスに関わってもいる。

エンジェル・コミュニティの仕組みは、従来のベンチャーキャピタルのそれとはかなり異なっている。ベンチャーキャピタルはふつう、手数料や利益の取り分が支払われるマネジャーの判断に基づいて他人の金を運用し、ダウンサイズ・リスク[5]に直面することはほとんど、あるいは全くない。一方、エンジェル・グループのメンバーの場合は、すべてを勝ち得るか、すべてを失うかだ。そのため、意志決定プロセスも投資プロファイルも、かなり違ったものになる。

5）損失が出る可能性。

コモン・エンジェルズの設立者で代表取締役のジェームズ・ゲッシュワイラーによると、共有の精神を基本にする大きなメリットは、駆け引きができない点だという。3～4人で構成されるベンチャー投資委員会が資金提供プロジェクトを採択するとき、おそらくメンバーにはそれぞれにこれぞと思うプロジェクトがある。そこで自分のプロジェクトをみんなに良いと思ってもらうために、ほかの人たちのプロジェクトを批判するのを手控えるようになるのだ。委員会の決定はメンバー間の人間関係によっても変わる。誰のほうが立場が上か。誰が誰に良い印象を与えたいと思っているか。CEOになったばかりの

利口な人なら、メンバーの受けを狙った言動をとることもないとはかぎらない。

「コモン・エンジェルズでは、40人が1部屋に集まります」とゲッシュワイラーは言う。「駆け引きをするには多すぎる人数です。それにメンバーはみな、メンバー自身の小切手帳を投票用紙にしているんです。だから、自分が考えていることについてほかのメンバーがどう思うか、気にすることはありません。気にかけるのは、検討中の企業についてメンバーがどう思っているかということだけです。私は本心を隠したりしませんし、それはメンバーも同様です。私たちは互いに意見を引き出し合うのです」

まず、支援を求める新興企業が事業計画の要旨をエンジェル・グループに電子メールで送る。ゲッシュワイラーは、その企業の事業領域に詳しいメンバー数人にメールを転送する。この数人のメンバーがすばらしいと思ったら、新興企業のリーダーを招き、このメンバーと、ゲッシュワイラーが「ジェネラリスト（多方面の知識を持つ人）」と呼ぶ人2～3人の前でプレゼンテーションを行ってもらう。ゲッシュワイラー曰く、スペシャリスト（専門家）は「みずからの経験の犠牲となり、思いこみをする場合がある」という。「ジェネラリストは、『このアイデアがそれほどまでにすばらしいと思うのはなぜか』といった基本的な質問をします」。さらに彼はこうも述べている。きわめてよくあることだが、単独

で行動する投資家は、わずか1つか2つのリスクに基づいて判断を下してしまい、もっと厳密で根本的な疑問、たとえば「この商品に対する市場の基礎力学は何か」とか「このテクノロジーを機能させるのは実際、どれくらい難しいのか」といった疑問を吟味できていない、と。この段階をクリアできたら、新興企業のリーダーは最終段階へ進み、40人以上のメンバーの前でプレゼンテーションを行うことになる。

どの段階においても多くの質問が飛び交い、メンバーはさまざまな問題について、新興企業のリーダーと、あるいはメンバー同士で話し合い、討議する。起業家が会社を立ち上げたい理由を述べると、ゲッシュワイラーはこう答えることがある。「まるで紅海が割れるのを見ている気分だ。一方には昔マイクロソフトに勤めていた人たちが、もう一方にはロータスに勤めていた人たちがいて、20年前の議論が、つまり集中型アーキテクチャか分散システムかという議論が再燃した気がする」

コミュニティの姿勢に組み込まれている抑制と均衡のために、コモン・エンジェルズが適切な結論にいたる頻度は、不適切な結論に行き着く頻度よりはるかに高い。しかしいずれの結論も簡単には出ない。ゲッシュワイラーは例としてスカイフック・ワイヤレスという新興企業の話をした。この会社がつくるバーチャルGPSを使うと、大都市におけるGPSの問題、つまり人工衛星までの見通し線が高い建

物に遮られてしまうために起こる問題が解決される。また、この製品を使えば、カーナビやWi-Fi[6] 対応の携帯電話などに位置検出機能を取り付けられるようにもなるという。そうした使い方が実際にできるとして実質的な需要はどこにあるのかという点について、エンジェル・グループは「討議に討議を重ね」、最終的に150万ドルを投資することに決定した。あらためて言うまでもないが、新興企業はその製品をGPSチップに組み込むという大きな契約にサインした。

6）無線LAN製品の普及を目的とした団体（Wi-Fiアライアンス）によって認証を受けたことを示す名称。ブランド名。

集団で意志決定する際にはいろいろと落とし穴に陥ることがある。定評ある専門家がある企業について早々に意見を表明すると多くのメンバーがその意見に同調する「バンドワゴン効果」もその1つだが、そうした落とし穴を避けるためにコモン・エンジェルズは決定の仕方を工夫してきた。企業のプレゼンテーションが終わると、メンバーは5～6人ずつ別々のテーブルに分かれる。テーブルではそれぞれに記録係が選ばれ、全体会に備えて話し合いの結果を要約する。メンバーたちは、話し合いのあいだにいわゆる評価表に記入し提出して、提案されている投資についての意見を示す。こうすることで、賛否にかかわらずすべての議論に直接関わっていることと、意見を表明する十分な機会が与えられていることを保証しようとしているのである。

ゲッシュワイラーによれば、コミュニティの決定は、企業についての仮説（リーダーの能力や誠実さ、製品に対する需要など）に基づいてなされるという。1度目の出資の後、コモン・エンジェルズは必ずその仮説を確かめる。通常6カ月の

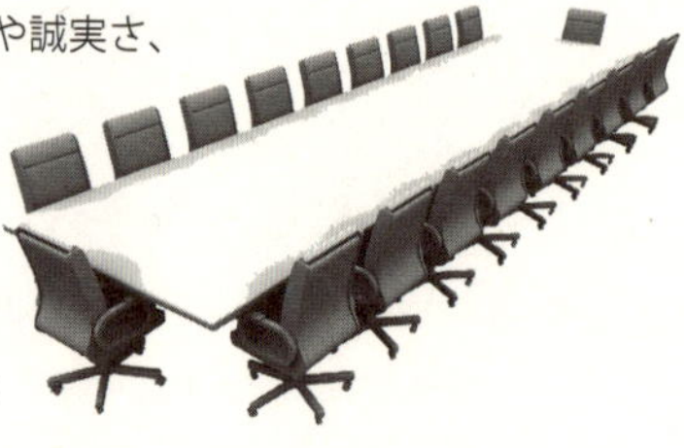

予定で、メンバーの一団に何度か企業を訪問させるのである。ゲッシュワイラーの説明によると、ここでもやはり人数が重要だという。ベンチャーキャピタルの場合、ある企業への投資を支持するパートナーは１人でその企業を再訪するが、社内での評判がかかっているため、何とかして耳寄りな話を持って帰らなければと思う。そうした懸念は、コモン・エンジェルズのメンバーには無用である。さらにゲッシュワイラーが述べたところによれば、コモン・エンジェルズのリーダーはチームと一体になっているため、自分の状況を秘密にする可能性はまずないという。「どんなことについても、検討しようという意欲が旺盛なんです」。これは、投資を引き続いて行うかどうか検討するときにも言えることである。

WHAT YOU CAN DO

専門知識がすべてではない

適切な判断を下すことに全力を注ぐコミュニティとして、コモン・エンジェルズは当初から、該当するITの領域においてさまざまな専門知識が必要であることを認識していた。そのため、メンバーには各種の技術を持つ人々が確実にそろうようにした。同時に、ITとは関係のない領域で起業経験を持つ人たち、すなわち提案されている取引をもっと広い、非技術的見地から見ることのできるジェネラリストたちにも加わってもらっていた。コミュニティには両方のタイプの人が必要なのである。

WHAT YOU CAN DO

議論を覆す

企業の観点からすると、コミュニティにおける意志決定には潜在的な問題がいろいろとある。あらゆる種類の否定的で賢明とは言いがたいものの影響を受けやすいのだ。ほんの数人が大勢の人をやすやすととんでもない結論にいたらせることもある。たった 1 人のカリスマ的な人が議論をひっくり返すこともある。個人的な思惑や性格の不一致が大混乱を招くこともある。必要なのは、コモン・エンジェルズのリーダーたちのように、グループ・ダイナミックス（集団力学）を理解し、手段を講じて、そうした問題を防ぐことのできる人々である。

プロスパーやゾーパとコモン・エンジェルズとのあいだには、すなわち、ストロックスをつくるためにリン・タウンゼンドに 9500 ドルを融資することと、ハイテクの新興企業に 100 万ドルを投資することとのあいだには、大きな差異がある。私たちとしては、企業がコミュニティを活用して融資という機能を果たすには数え切れないほどさまざまな方法があることを示したつもりである。ただ、方法は多様かもしれないが、いずれの場合においても、必要な情報をできるかぎり多く提供することによって貸し手のリスクを最小限にする、そうした手段を見つけることに焦点が当てられている。

次章では、実際の組織経営のなかでクラウドソーシングが果たすかもしれない役割について述べる。経営にクラウドソーシングが使えるのだろうか。先を読めば、おわかりいただけるだろう。

07

マネジメント

──クラウドに戦略的決定ができるのか

Make Everyone a C-WE-O!

ここまでは、クラウドソーシングがうまく機能している例について、つまり、製品設計から融資にいたるまで企業のあらゆる機能を、個人の集まりであるコミュニティが嬉々として果たしていることを述べてきた。本章の趣が少し異なるのは、すべての機能に影響を及ぼす活動、すなわち「経営」に話が移るからである。ここで中心となる疑問はこの点だ。コミュニティは、企業の進むべき道を間違うことなく決定して、どの商品あるいはサービスを追求し、それらをどのようにつくり売り込み流通させるかといったことについて戦略的な決定を行うことができるのだろうか。

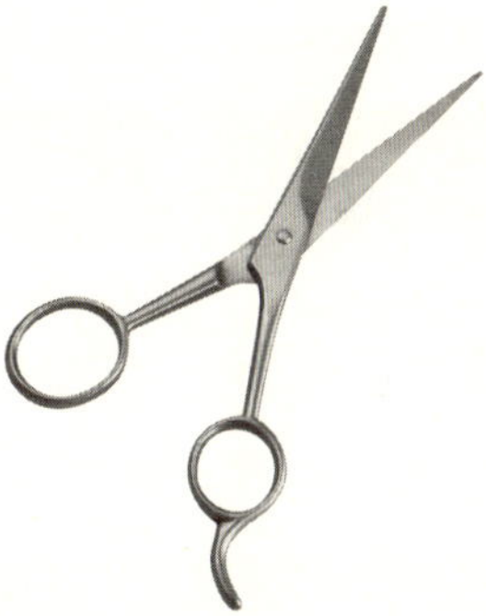

答えは、今までは「ノー」だった。しかし試みられたことがないわけではない。これまでに行われた挑戦のうち最も徹底していたのはもしかしたら、2005 年 6 月に、エンジニアにして起業家でもある、ビジネスパンディット・ドットコムの創設者ロブ・メイによって行われたものかもしれない。メイがザ・ビジネス・エクスペリメント・ドットコム（TBE）というサイトを立ち上げたところ、歴史に残る画期的な冒険的事業になると見込まれるプロジェクトにぜひ参加したいという人ばかりが 800 人以上、すぐに集まった。メンバーは力を合わせて商品（新たなサイト）を選択し、最終的にサイトはデザインされ、開設された。ところが残念なことに、創設されてわずか 9 カ月後の 2006 年 3 月、TBE は閉鎖が採決された。

ものごとをコントロールできている気がするなら、十分なスピードで進めてはいない。

――マリオ・アンドレッティ

ビジネスパンディットに率直な思いをつづり、メイは試みが失敗したことについて説明をした。彼はこう記している。「クラウドの英知は今や巨大だ。古いビジネスはもう終わった、だの、大切なのはエッジ・コンピタンスやネットワーク効果を受け入れることだ、だの……。僕はそうは思わない。ビジネスはやはりビジネスだ」

私たちとしては、ビジネスはやはりビジネスだという点には賛成だが、ほかの点については同意しかねる。コミュニティをみごとに（伝統的なビジネスの観点から見ても、みごとに）活用させている例はあまりに多いので、「WE」の力が無価値であるとは考えられないのだ。しかし同時に、短期間ではあったが興味深いTBEの経験からは、きわめて重要な教訓を学ぶことができる。その経験が、組織を管理・先導するコミュニティの能力に関するものだからである。

TBEの当初のウェブサイトは、ピアツーピア（P2P）の創造性を完全にガラス張りで実現するためのインキュベーターだと考えられていた。そのため、サイトを訪れた人はメンバーになり、ディスカッション・フォーラムを通じて、計画について話し合い、決定をし、経過報告書を読んだ。報酬は、サイトの発展に一役買っているという個人的な満足感を除けば、プロジェクトに対する貢献度に応じて付与されるポイント、ただそれだけだ。そしてこのポイントの合計によって、メンバーたちが受け取ることになるだろう利益の、自分の取り分が決まった。

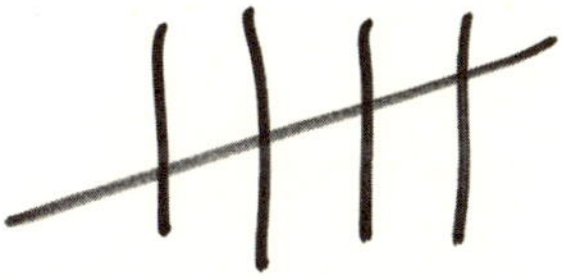

最初の数週間のあいだに、メンバーによって新たなビジネスについて約 60 のアイデアが寄せられ、フォーラムで討議された後、引き続いて投票が行われた。結局、出張者向けのソーシャル・ネットワーキング・サイトか、MP3 ファイルを売る店かのどちらかを選ぶことになったが、最終的にメンバーがつくることにしたのはアスクスペース・ドットコムだった。メンバーの知恵を活用して、中小企業経営者が提起する問題を解決するサイトだった。

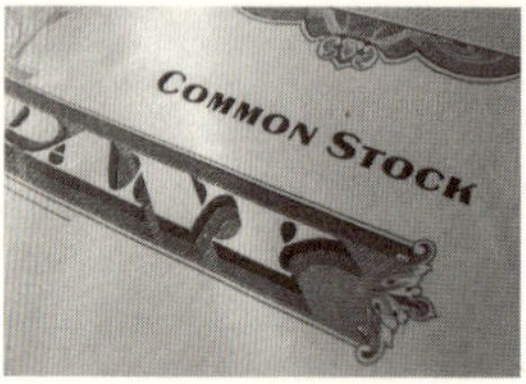

メンバーには株式を与えたため、TBE は第三者割当によって新株発行を実施する必要があったが、その法的費用がかなりのものだった。メイによれば、「ふつうより多くの金を持っている人が」サイトに「2 万 5000 ドルを投じてくれたら」、その費用を払ったうえに、技術的な作業を外注することもできたはずだ、という。しかしそうはならなかった。結果として、アスクスペースを成功させるには、メンバーは自分たちの力でそれを実現しなければならなかった。

A WORD FROM WE

「この人たちは、アップルが顧客をサポートできないとき、あるいはしたくないときに、顧客をサポートしてアップルを支えた。アップルがふたたびナンバーワンになった今、名誉を授かり、称賛され、その成功は自分の功績だと主張すべき人々が大勢いる。アップルのユーザー・グループ・コミュニティは、ハイタッチし賛辞を贈られて然るべきなのだ」

——ベンチャー投資家でアップルの元社員、ガイ・カワサキ

最後のベンチャー事業が決定されたとき、メンバーの関心は消え失せていた。おそらくは自分が賛同したアイデアが選ばれなかったためだろう。3分の1のメンバーが、二度とTBEにログインすることはなかった。積極的に関わりつづけたのは200人ほどで、そのうち中心になって活動したのはわずか30人だった。10月に、メンバーのデビッド・ギボンズがサイトに投稿した。「当初TBEをあれほど魅力的にしていた民主主義にとって、これらのグループをまとめ、機能させることは至難の業になっている」

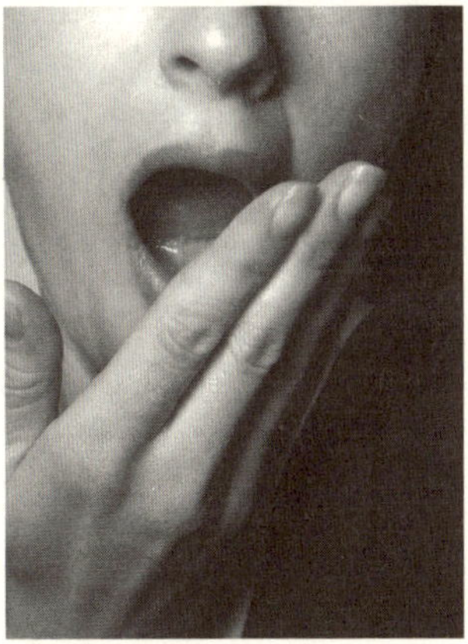

トップダウンのリーダーシップが必要なのは明らかだった。そこで、TBEのメンバーでミネソタ州ミネアポリス在住のデータベース・プログラマー、ショーン・クローゾンがCEOになることを買って出た。メイが述べているとおり、「ショーンは首脳部をつくり、プロジェクトをたしかに前進させた」。首脳部のメンバー5人は10月に、スカイプを通じて初めて互いを知り、2時間話をした。

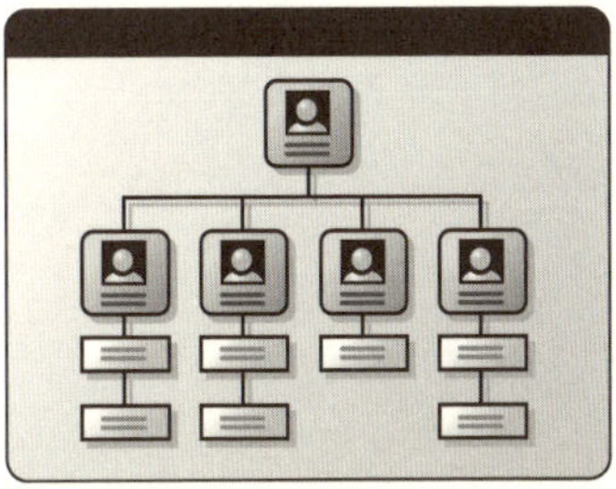

まず話題になったのは、メンバーがきわめて高い関心を示しているギボンズの提案のことだった。マイクロチャンクとして知られる方法だが、今度の冒険的事業をいくつもの小さな作業に分割し、どの作業を引き受けるかメンバーに選んでもらおうというものである。この方法については、コミュニティの実に91パーセ

ントが支持していた。ちなみに、それまでになされた6つの提案に関しては、アスクスペースという名称を含め、支持率は平均41パーセントだった。

しかしながらあとでわかったとおり、メンバーが得意なのは、作業することより投票することのほうだった。「専門家の意見は有り余るほどにそろっていた」と、ギボンズは3月に書いた。「しかしその専門家たちの時間は著しく不足しており、実際に作業を成し遂げることはほとんど不可能だった」。にもかかわらず、アスクスペースのベータ版が稼働を始めた。

ほどなく、メイはこう記している。「やがてわれわれは気づくようになった。こんなやり方ではほかの企業と全く同じだ、と。決定は上層部でなされたが、それは何もかもクラウドに投票で決めてもらうような時間はなかったからだ。それにクラウドは、矛盾する方向性をわれわれに与えるような採決をすることもあった」。そして、アスクスペースの将来について決を採ると、「ノー」の票が「イエス」のそれを上まわった。

メイはTBEによって教えられた教訓についても話してくれた。その1つは、どのビジネス・アイデアを追求するかをメンバーに票決させるのは間違っている、というものだった。メイは、新しい事業を明確に心に描いてから行動すべきだった。もしそうしていたら、と彼は書いている。「適切な人々を、つまり、特定のアイデアに賛同する人々を引き寄せられただろう。代わりに僕が引き寄せたのは、アイデアについて論議するのが何より好きな人たちだった」

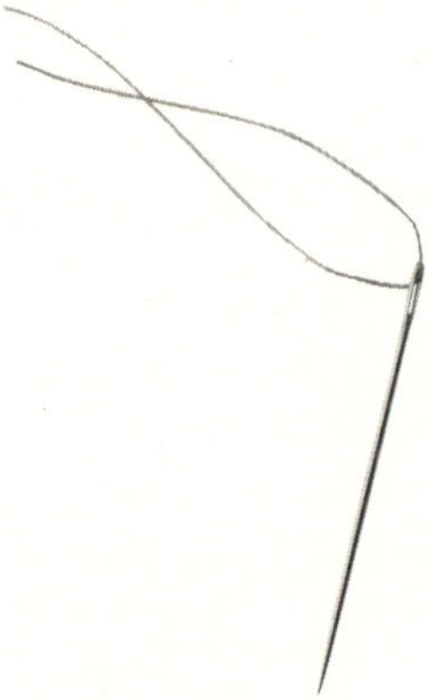

さらにメイは述べた。メンバーから心からの支援を得るためには、ピアツーピア・ビジネスは報酬をメンバーの好みに合わせる必要がある、と。また、メイの説明によれば、TBE のメンバーは「成功した人たち」であり、結果として彼らには時間がなかった。実際、週に 30 分でさえ都合できなかった。しかし必要なのは、真摯に関わる献身的なメンバーであり、「知識を深めたり、好奇心を満たしたり、成功を追い求めたり」といった形のない見返りに満足を覚えるメンバーなのだった。

メイは当初、メンバーがみずから方向性を決めてくれることを望んでいた。しかしやがて、それは現実に根ざさない期待であることがはっきりわかるようになった。彼の記しているところによれば、大人数のグループには、プロジェクトの全体だけでなく、その側面 1 つひとつをすべて理解しているリーダーたちが必要だという。「全員が同等の発言権を持っていると、多くの議論が堂々めぐりになり、実のある意志決定がほとんどできなくなってしまう」。少なくとも TBE では、そんな事態になってしまったのだった。

一方で、アスクスペースはその後、アスクスペース・ブログスポット・ドットコムというサイトになっている。立ち上げたのは、TBE で当初リーダーを務めた 5 人のうちの 1 人、キャロライン・バークだ（彼女は 1995 年に個人的な日記をインターネットに載せ、ブログを考案したということで広く評判を得ている）。彼女がつくったこの最新のサイトは「アスクスペースの方針（クラウドの英知、透明性、事業所有権、Web2.0）に関するメタブログ[1)]」と称されている。

1) ブログについて書いているブログ。

A WORD FROM WE

「ウィキペディアには官僚と執事と管理者がいる。これらの役は選挙か昇進かのいずれかによって定められ、包括的な編集や削除や記述の撤回を行う権利を持つ。ここで強調したいのは、ウィキペディアの自己統治という性質には、民主主義でありながら監視・管理する働きがそもそも備わっているということである」

——WE ARE SMARTER コミュニティのメンバー、チャンドリカ・サマース

クラウドソーシングを活用して経営を含むさまざまな役割を果たそうとする試みについては、第１章でも簡単に述べた。カンブリアン・ハウスは３万人から成るコミュニティが、アイデアを生み出し、それを試し、改善方法を提案し、さらには興味を持っているほかのメンバーと協力してそのアイデアを形にし、商品化することを当てにしている。アイデアの考案者や、機能を追加したり改良したりするのに時間を割いた人たちには、結果として生じる利益や先行投資の取り分としてポイントが付与される。2007 年春現在、支持を受けクラウドソーシングによって生み出された４つの商品すべてが順調に売れており、さらに 200 以上のアイデアが会社からの干渉をいっさい受けることなくコミュニティによって開発されつつある。

これは、経営上の責務を引き受けているコミュニティの成功例だ。もっとも、「注」の印をつける必要はある。TBE のプロジェクトでは、選択された商品の実質的な開発にコミュニティの協力

を求めようという試みがなされ、結局、失敗に終わった。その点カンブリアン・ハウスでは、コミュニティ・メンバーのプロジェクトに会社として投資したり直接関わったりする場合には、社員も何らかの仕事（設計や製造など）を引き受け、管理を行っている。

この２つの組織は、いつの日かコミュニティが実質的な管理業務を行えるようになる可能性に少なくとも扉をひらいている、とだけ言っておこう。ともあれ、「WE」のパワーが開拓するほかのビジネス機能については、私たちははるかにたしかな根拠に立脚しているのだ。

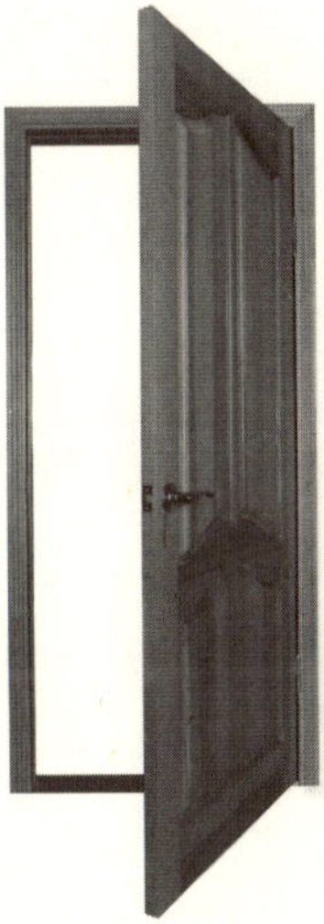

08
クラウドソーシング成功の8つのガイドライン

Lead from the Rear !

リーダーたちははるか昔から、コミュニティに対し、説得したり強制したりして進路を変えさせようとしてきた。その変更が大きければ大きいほど、成功はどんどん逃げていくように思われる。たとえば中国の共産主義者、毛沢東は「大躍進政策」を行ったが、工業化を急ぐあまり、新しい政治機構を丸ごと人々に押しつけることになった。結果は大失敗だった。飢えによって数百万人が命を落とし、経済は大打撃を被った。50年経ってなお、毛沢東の愚行は、自立した民衆の考え方や行動を支配しようとする人々にとって、訓話でありつづけている。

これまでずっと論じてきたとおり、ウィキノミックなコミュニティは個人よりも、早く、上手に、安く現実世界の仕事を片づける。しかし成功したコミュニティをつくるのは生半可なことではない。雇用から売り込みまで事業のあらゆる側面においてそうであるように、大いなる報酬には大いなるリスクがつきものなのだ。

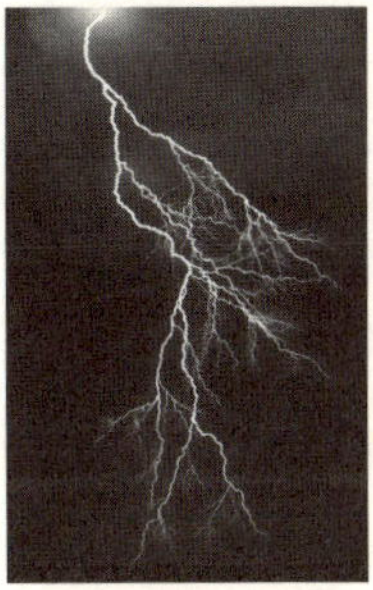

それはウェブ2.0の時代になっていよいよ現実味を帯びてきた。この時代においては、些細な誤りに思えるものがどんどん悪くなって、たちどころに致命的な事態へと変わるのである。

私のほうが国民についていく必要がある。
私は彼らのリーダーではないだろう？

——イギリスの政治家、ベンジャミン・ディズレーリこの章ではウェブ 2.0 の道にある落とし穴を、ある程度企業が避けられるよう、一連の指針を紹介する。いずれの指針にも、そうしたクラウドソーシングの道を歩んできたリーダーたちの、すなわち、私たちが本書を書く過程でつくったオンライン・コミュニティ、www.wearesmarter.org で、その挑戦や勝利について語ってくれた人たちの経験が反映されている。

1. 裏方に徹する

コミュニティをつくるには、企業としては相当な時間と金と労力がかかる。そのため、社内のほかの部署と同様に管理したいという誘惑に駆られる。しかしその考えは良くない。クラウドソーシングの本質は、コミュニティが持つ斬新で力強いアイデアやひらめきを手に入れることだ。企業の役割は方向性を示して一歩下がることであり、コミュニティの活動に干渉することは目的にそぐわないのである。

言いかえれば、企業は劇団のスターではなくプロデューサーであり、裏方として働いて、コミュニティ・メンバーの誰もが楽に気持ちよく参加し、関わりつづけられるようにする責務がある。メンバーの発言や考えは、集団的な意識の流れとなって、妨げられることなく流れつづけることができなければならない。熱心すぎる管理者が割り込んで会話を途切れさせたら、価値あるアイデアが失

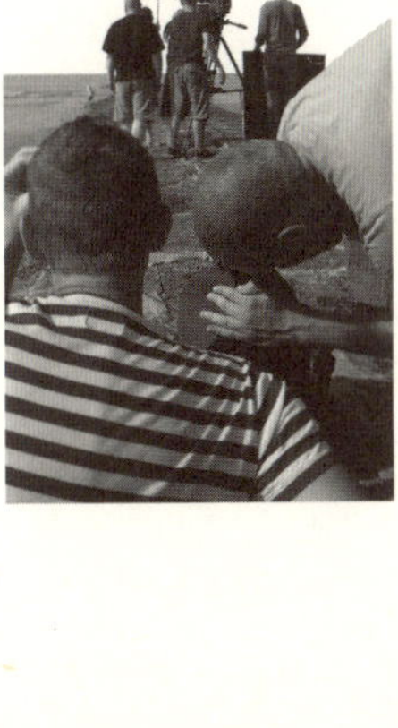

われてしまうのだ。

1章で述べたが、ジェフ・ベゾスは、アマゾンのデータベースを知識豊かな外部の人々に公開したとき、それをどう扱うべきか指示することはなかった。彼はこう述べたのだ。「どんどん自分たちをさらけ出そう」。そしてサイトの最適な活用法を見つけ出すことをクラウドにゆだね、大いに恩恵を受けたのだった。

2. 立ち入る時機を知る

コミュニティには自己修正する力がもともと備わっている。トラブルメーカーは手厳しく扱われるか無視される。いい加減な情報は正確なものへ改められる。たとえば、クレイグズリストでは、ある広告が、サイトのサービス規約を破っていたり(個人的なものと思しき広告がとあるサイトにリンクしている等)、誤って分類されていたり、実はスパムだったりすると、コミュニティ・メンバーはネコを追いかけるテリアよろしく放ってはおかない。広告のうち、メンバーから削除を求められるものは25パーセント以上。そのなかの実に95パーセントが規約に違反している。

しかしそれでも、コミュニティの活動にとっての脅威は尽きることがなく、しかも巧妙であることが少なくない。脅威は、コミュニティに対して特別な意図を持つ人々、すなわち外部のマーケティング担当者からもたらされることもある。コミュニティの大きさを利用して、自社の製品を売り込もうとしたり、コミュニティに販売を強要しようとしたりすることさえあるのだ。また、ひねくれた人によって脅威はもたらされることもある。たとえば、面倒を起こして快感を得ようとする、いわゆるフレーマー（電子掲示板などで罵る人）がこれにあたる。彼らは、人々の怒りや混乱を招くような議論を引き起こすためだけに、物議を醸すだろう敵意に満ちたメッセージをコミュニティのサイトに投稿したがるのだ。

さらには、そうしたトラブルメーカーは、第3章で言及したが、PMIオーディオのコミュニティ・フォーラムに大打撃をもたらしたようなハッカー[1]である場合もある。

フレーマーなどの無法者がコミュニティの活動を妨害しているにもかかわらず追い払われずにいる場合、企業は躊躇することなく介入すべきである。同様に、誤った情報が流れていて、そのせいで誰かが悪影響のある、あるいは手痛いミスを犯す可能性がある場合も、管理者はできるだけ早く情報を正す義務がコミュニティに対しても企業に対してもある。ただ、どのような場合においても、そうした妨害はできるだけ早く、警告を付して追い払うこと。

同様の警告は、コミュニティが少々混乱しすぎていたり無秩序な状態になりつつあるときにも発することができる。具体的に考えてみよう。たとえば人々が、思い思いのフォントで文字を打ち込み、好きなように句読点を打ち、風変わりな表現の仕方で考えを述べている場合。あるいは、第3章で紹介したCookshackフォーラムを預かる人たちがそうだが、品のない話をしたり、孫

1）本来はIT技術に精通している人々を指す言葉。不正な利用を行う人々のことは、「クラッカー」と呼ぶ。

の自慢話をしたり、本来の主題から外れたことばかりを話したりしている場合。こうしたことはすべて、起きても何らふしぎのないことであり、基本的には有益でさえある。独創的なアイデアというのは、そうした何の準備もなされていない自然に起きる言動から生まれることが少なくない。コミュニティというのは、予期せぬものや自然に起きたことによって成長するものなのである。

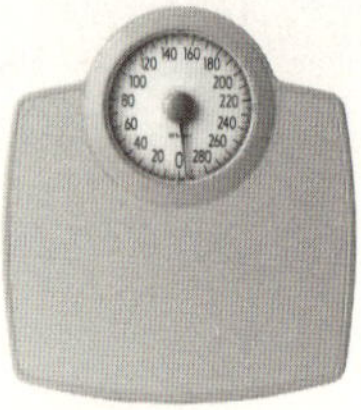

しかしコミュニティが本来の仕事からあまりも離れたところを、あまりにも長時間にわたってうろうろしている場合には、企業の管理者は介入する手立てを見つける必要がある。たとえば議論なら、要約することで先へ進めるようになる場合がある。

独創的なアイデアをどんどん生み出しつつも、しかし混乱しすぎたり本来の主題から外れすぎたりして適切に機能できなくなるなどということはけっしてない、そういうのびのびとした環境を維持するにはコツがいるかもしれない。一度、いっさい口出ししないくらいの気持ちで臨んでみるといい。そうすれば、あなたのコミュニティが今までどれほどの革新的な考えや意見を生み出し損ねてきたかがわかるだろう。

また、チェック機能をコミュニティ・メンバーに果たしてもらうなら、チャチャやイーベイのような企業と同じ道を歩むことを考えよう。顧客に対し、受け取ったサービスを評価するよう頼むのである。

3.　本物のコミュニティをつくる

活気あふれるコミュニティをつくることは、知性ある人々を必要なだけ集め、その人たちが互いに刺激し合うよう促すことにほかならない。しかし成功する確率が高まるのは、メンバーがものごとに対する見方をおよそ同じくしている場合だ。意志を伝え合って協力することがたやすくなるのである。エネルギーも、意見の違いについて口論することではなく、会社の仕事に使われるようになるだろう。頭の弱い運動選手とガリ勉が、あるいは左翼の人と右翼の人が集まったところで、コミュニティの集団的な英知を呼び覚まし最大限に高めるのに必要な信頼や情熱はおそらく生まれない。この考えをヴァージンモバイル USA の管理職たちはとても重視したにちがいない。そのため、第 2 章で紹介したとおり、リストに並ぶオンライン・カスタマーをふるいにかけて 2000 人から成る「インサイダー」のコミュニティをつくったのである。

コミュニティをつくるときに企業がまずメンバーとして考えるべきは、その企業とつながりを持つことにはっきり関心を示している人、たとえば満足している顧客や企業が活動を行っている町の住人などである。そして、頭脳明晰な人をできるだけ大勢集めること。頭の回転が同じように速い人が集まって活気に満ちたグループができていると、可能なかぎり多くの優秀な人材が必要なときに、その人たちを引き寄せることができるのである。

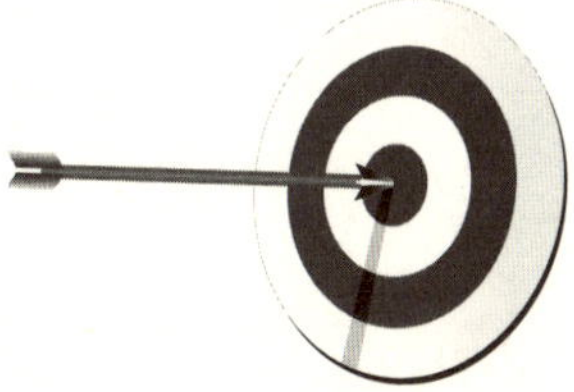

活気あふれるコミュニティをつくることは、知性ある人々を必要なだけ集め、その人たちが互いに刺激し合うよう促すことにほかならない。

今日の成功は、知的財産を蓄えられるかどうか、ブランド力を強められるかどうか、移り気な顧客をつなぎ止められるかどうかにかかっており、そのいずれについてもきわめて優秀な人材の力が欠かせない。しかしそうした人材を得るのは難しくなっている。1つには才能豊かな人々が近ごろは地球規模で求められるようになっているからであり、1つには優秀な人材は長く勤めるところを選りすぐり、みずから条件を指定できるようになっているからである。

活力あるコミュニティをつくるのに必要な優秀な人材は、たいへん話し好きであるらしく、ネット以外の場でもよく会話する。ぜひ話をするよう彼らを促し、どこにいてもコミュニティのことを話題にし、考えるようにしてもらうこと。会議をうまく引っぱったり、電話や電子メールや手紙をやりとりしたりするよう促そう。メンバー同士が同じ興味を持っていることに気づいたり結びつきを強めたり絆を深めたりするのに役立つことは何でもしてほしいと、それとなく伝えよう。バーチャル・ツーリストでも、オフライン・ミーティングがコミュニティによって積極的に行われていたことをご記憶だろうか。いずれの活動も、めざしているのは、結束力のあるコミュニティをつくり、まるで7月のとうもろこし畑のように生き生きとした場でアイデアを育てることである。

規模も重要な要素である。コミュニティには、生み出されるコンテンツを監視し、誤りがあっ

たり不適切なものが追加されたりしたらすぐに見つけて修正できるだけの大きさと優秀さがなければならないのだ。一般には、優秀な人材が大勢集まっていればいるほど、考え方や情報が多岐にわたるようになり、よりよいコンテンツが生まれるようになる。また、優秀な人材は影響を与え合うため、互いの関心事を吸収し合って視野を広げることになり、結果的に、コミュニティとして最初はたとえばマーケティングに重点的に取り組んでいたとしても、やがて企業スポンサーにとってきわめて重要なほかのプロセスにおいても革新的な活動を繰り広げていくようになる。

4. 秘密をつくらない

何でもすぐにわかってしまうこの時代にあってはいやでも、企業が犯した過ちは遅かれ早かれ（たいていの場合は早いうちに）明らかになって、誰もが知るところとなる。コミュニティを交えて仕事をしているときなら、過ちをすぐさま認め、謝罪し、二度と犯さないことを確約することが最善の策だろう。

過ちが明るみに出るとつい、こそこそ隠れてやり過ごしたくなる。企業はなかなか対応しようとせず、もっと悪い場合は電子メールを削除したり、さもなければ過ちなど犯していないと否定したり、何事もなかったようなふりをしたりするのだ。しかしこれは良い考えとは言えない。誰もが「お偉いさん」たちの言動を見て知っているとおり、もみ消すと事態はいっそう悪くなってしまうのである。

情報操作という使い古された手段についても同様である。見方の偏った、人をだますような画策をして、都合の悪い出来事について素知らぬふりをするものだが、これは、企業がコミュニティとのあいだに交わしている暗黙の契約を破り、ありとあらゆる問題を引き起こしかねない。

CBS ニュースから教訓を学ぶことにしよう。2007 年春のこと、同局ウェブサイトにある「ケイティ・クーリックのノートブック」のコーナーで、ケイティは「初めて図書館カードを作ってもらったときのことは今でも覚えています」と原稿を読み始めた。問題は、同局があとになって知ったとおり、原稿のその先の部分が実際には局のプロデューサーによって書かれていたこと、さらにはそのかなりの部分が『ウォールストリート・ジャーナル』紙の記事から盗用されていたことだった。

CBS はすぐさま事のいきさつを発表し、原稿を「訂正版」と差し替え、不祥事を起こしたプロデューサーを解雇した。さらに、アンカー[2] の時事解説を代筆するのは一般的な業務であることや（「この業界ではふつうのことです。共同作業なんですよ」と女性広報担当者は述べている）、ケイティ・クーリック自身が書いているものもたしかにあることを説明した。

2）アメリカのニュースキャスター。

当然ながら物議を醸し、収束するまでには少し時間がかかったが、それはクーリックが注目される存在であったことが、つまり、高額の報酬を得て女性で初めてイブニング・ニュースの単独アンカーに起用されながら視聴率を今ひとつ伸ばせていないことが一因だった。しかしながら CBS は、過ちを公表し、「ノートブック」コーナーの原稿を用意する過程を積極的に説明することによって、

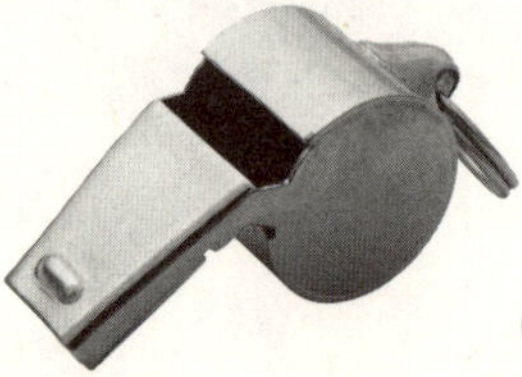

ダメージを抑えることができた。

つまり、政府や企業の内情が電子メールによって日々暴かれている世界においては、企業はその精神上のハードディスク・ドライブから「秘密」という言葉を削除する必要があるということだ。また、内部告発者が大きな力を持つようになっている。良いニュースと悪いニュースとを区別しないアルゴリズム（算法）を組み込まれた強力なオンライン検索エンジンがその後押しをするのである。

そのため、何らかの過ちを犯したためにコミュニティのあいだで会社の評判が下がった場合、否定したり言い逃れをしたりするのは誤った選択である。企業は過ちを素直に認め、事の原因を説明し、同じ間違いを二度とくり返さないことが必要なのである（追記。ひょっとすると、そうすることで、会社が最近なしとげたすばらしい仕事をコミュニティに知らせる独創的な方法も見つかるかもしれない）。

5. 「完璧」であることを忘れる

コミュニティ・メンバーに話し合いを促すものは何であれ良い。逆に、滞らせるものは何であれ良くない。指示が完璧すぎたり細かすぎたりすると、話し合いを滞らせ、企業はほんとうに欲しい価値ある意見を得ることができなくなる。

このことは、私たちの誰もが日常生活のなかで経験したことがある。友人や家族とともに、台所のテーブルを囲んで、あるいは近所のバーで冗談を言ったりよもやま話に花を咲かせたりしているときに、新たに誰かがやってきて話に加わる場合だ。その人自身には何ら問題はない。愛想がよく快活で、きわめて知的で説得力のある意見や考えを述べる。しかしどういうわけか無理やり割り込んできた感を否めないのだ。冗談に対して笑えなくなる。楽しい考えも浮かんでこなくなる。

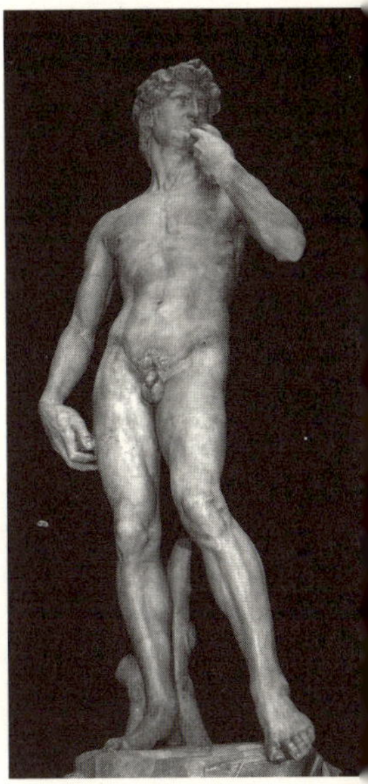

程度の差はあれ同様のことが、企業からのメッセージが完璧すぎたり洗練されすぎていたりする場合には起こる。説明や編集の度が過ぎていると、人々はそれ以上は何も口を挟む余地がないように思い、自分自身の考えや意見を率直に述べることができなくなるのだ。そうではなく、多くの企業としては、文章の調子を心地よく素朴なものにし、文法上あるいはスペル上の過ちもそこかしこに入れること。目的は、企業に人間らしい顔を与え、尊大だとか横柄だと思われるかもしれない言い方を避けることである。

サウスウエスト航空は格安航空会社のリーダーとして昔から称賛されてきたが、コミュニティとの交流にも長けている。たとえば、「サウスウエストに夢中」と題した同社のブログは毎月さまざまな従業員によって書かれているが、顧客や一般の人も見ることができる。そればかりか意見や不満を寄せることもできる。それが、同社がこのブログを「オンライン・ウォータークーラー（ネット上の井戸端会議）」と形容している所以である。ブログも寄せられるコメントもすべてが気楽で楽しい会話の一部であり、おかげで同社は、従業員と顧客から成る、積極性と情熱にあふれたコミュニティを確実に持てるようになっているのだ。

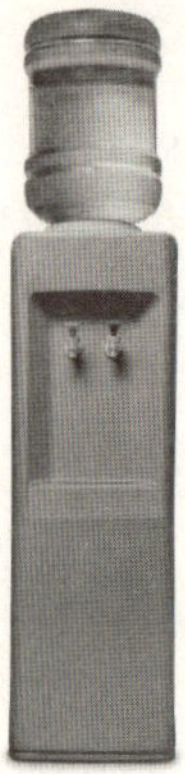

情熱のほどが明らかになったのは、2006年にCEOのゲイリー・ケリーがブログで、長年つづけてきた座席自由のシステムをできれば変更したいと発表したときのことだった。座席を勝手に指定されることになりそうな気配に、数百人の顧客や従業員が不満の声をあげた。彼らが述べたとおり、早い者勝ちで座席が決まるその独特のシステムこそ顧客がリピーターになる理由の1つだったのである。システムは守られた。顧客と通り一遍ではない会話を始めることによって、サウスウエストは計り知れないほど貴重な意見を、支払いを引き受け従業員の給料を払ってくれる人々から直接手に入れたのだった。

洗練されたあまりに完璧な表現を用いることは、コミュニティに対する取り組みとしては誤りなのである。

6.　場をかき回す

他と代わり映えがせず可もなく不可もないコミュニティのウェブサイトほど、つまらなく非生産的なものはない。主催している企業は、斬新なアイデアや有益な意見や嗜好の変化の兆しを求めているのだ。それなのに、目にするのは平凡でありきたりな意見ばかり。多くは好意的ではあるが、役に立つものは1つとしてない。こんな場合は、企業が介入し、場をかき回すべきときである。

必要なのは本物のディベート・クラブ、すなわちあるテーマについてどのような意見であれ歓迎される、そんな場である。企業としては、反対意見がどんどん述べられ、すでに明らかになっているグループの英知に対し異議が唱えられるよう、気を配る必要がある。議論や反論といった活動の場でこそ、斬新なアイデアは生まれるのである。

オンライン不動産ブローカー会社レッドフィンのCEO、グレン・ケルマンは反対意見を、情熱を持って受け入れた。ネット上で「すべてを話し」、顧客の目に触れるところで競合他社が彼を手ひどく攻撃するのを許したときのことである。

2007年4月発行の『ワイヤード』誌でクライブ・トンプソン[3)]が詳しく述べているが、ケルマンは、売り主に対する手数料を相場の3分の1に下げて、保守的な不動産業者たちを怒らせた。不動産業者たちは報復として、レッドフィンのサービス利用者にはいっさい販売を行わないことにした。

3) アメリカの有名ブロガー。

数カ月のあいだ沈黙したまま苦しい時を過ごした後、ケルマンはブログで応戦を開始した。ただ、ライバル業者の貪欲なやり方を容赦なく公表する一方で、そうした業者がケルマンの会社のサイトに投稿して主張を述べるのも許した。ライバル業者たちは口汚い言葉を使って罵り、ケルマンも辛辣に切り返して応酬した。

住宅の購入を考えている人たちは、ブローカーたちの舌戦の次の展開を見ようとこぞってサイトにアクセスしたが、そのことにケルマンのライバルたちは神経をとがらせるようになった。内輪の恥をさらすことは誰の仕事にとっても良くないのではと気づいたのだが、それは「彼らの仕事にとって」の話でしかなかった。

なんとレッドフィンの収益は伸びていったのである。論争を繰り広げる双方の主張を公開することと、自分の過ちや問題について率直に述べることによって、ケルマンは好意的な将来の顧客から成るオンライン・コミュニティをつくったのだった。

目標は、人々が楽しんでいる領域でその人たちの心をつかむようなサイトを、積極的かつ熱心に関わろうと思ってもらえるサイトをつくることであり、それはとりもなおさず、これぞというものを提案する必要があるということだ。一例として本書ではZebo.comを紹介したが、その成功は、若者というものは自分の持っているものや持ちたいと思っているものに夢中になる、という事実に基づいているのである。

7. 感謝を示す

コミュニティを主催する企業は、「取引」が行われていることを肝に銘じておくべきだ。コミュニティ・メンバーは企業にとって価値のある方法で労力や能力を分担しており、その貢献に対しては感謝と報酬を与えられて然るべきなのである。

たとえばギャザー・ドットコムではポイント・システムを導入してメンバーの参加に報いている。討論に参加すればするほど、多くのポイントが与えられ、メンバーは同社の取引先が提供する商品やサービスに対して使うことができる。質の高いコンテンツをたびたびサイトに提供しているメンバーは、現金で報酬を受け

取ることもある。

先に紹介したとおり、どのように報いるかは企業によってさまざまだ。P&Gのように、貢献度の高いコミュニティ・メンバーに対し、近く発売予定の商品について絶えず最新情報や試供品を提供している企業もある。イノセンティブのように、科学的な問題を解決して数千ドルを手にする、という可能性を提供する企業もある。コミュニティに感謝する方法として企業がどのような方針を立てるにしろ、コミュニティはまずその方法を検討して、公正で適切だと思えるかどうか確認すべきである。そう思えないものは何であれ、目的を損ない、メンバーに不満を覚えさせ憤慨させてしまうだろう。

貢献度のきわめて高いメンバーに対しては、ギャザーなど多くの企業が報酬を与えている。しかし、すべてのメンバーが同じようにコンピュータの前に座れるわけではなく、多くの人はときおりしか貢献できない環境にある。さらには、1度きりのメッセージでもハッとさせられるようなものや抜群のものであれば、数ばかり多い平凡なメッセージより貴重である場合もある。企業としては、たしかな価値があり、単に投稿した数によって評価することのできないそうしたメンバーについて記憶にとどめておくことが肝要である。

8. 先を見据える

コミュニティが育つには時間がかかる。共通の関心事を持つ優秀な人々を引き寄せることは一晩で達成できるものではなく、生産的な環境に必要な人間関係を築き、強めるには、長い時間が必要なのである。大あわてでつくったりしないこと。カレントTVについて私たちが述べたことをご記憶だろうか。アル・ゴアも関わって創設されたこのテレビ局は、最初は波に乗れず批評家たちにさんざんこき下ろされたが、今では十分な結果を出しているのだ。おかげさまで！

コミュニティがまだ出来上がっていないあいだに、企業はコンテンツについて、また有益な議論を起こす手段についてあれこれ試してみる必要がある。その過程においては、コミュニティ・メンバー自身に加わってもらい、アイデアが次から次へと浮かぶようにするための意見や案を出してもらうこと。同時に、メンバーの共同作業を行う力が高まるよう手助けをしてはどうだろう。もしかすると、共同作業を行うほかの環境への参加を促すといいかもしれない。

要するに、企業としては注意を払って、コミュニティのなかで行われる対話やわき出るアイデアを観察し、企業のイニシアティブに対するコミュニティの反応に目を凝らすことが必要なのだ。コミュニティの目的を明確にしたり、バーチャル・ベンチャーを評価する期日を決めたりするのも忘れないこと。できたばかりの企業であっても、1年か1年半もすれば、この活動が時間と金をかける価値のあるものかどうか判断できるだろう。

本書の冒頭で私たちは、事業活動に関してコミュニティが与える画期的な影響について、すなわちコミュニティは、新しい商品やサービスを考案したり、顧客サービスを提供したり、売上や生産量を伸ばしたりできることについて述べた。さらには、そうしたことをあなたの会社でも実現するには、どのようにコミュニティをつくり、活気を与え、維持すればいいかといったことが、いっそうよくわかるようになることを約束した。ともに歩んできた旅がそろそろ終わりに近づいた今、その約束を果たせていることを願ってやまない。

しかし本書に対する感想がどうであれ、クラウドソーシングという現象を追求することはぜひ続けたほうがいい。それは未来のトレンドであり、その波に乗っていくべきである。

未来といえば、このすぐあとのページに記した「おわりに」では、会社と従業員の関係を含め仕事と名のつくもののなかで起きているとてつもない変革について紹介する。もうお察しかもしれないが、私たち（と多くの専門家たち）は、働く人のコミュニティは主役として活躍するようになるだろうと考えているのである。

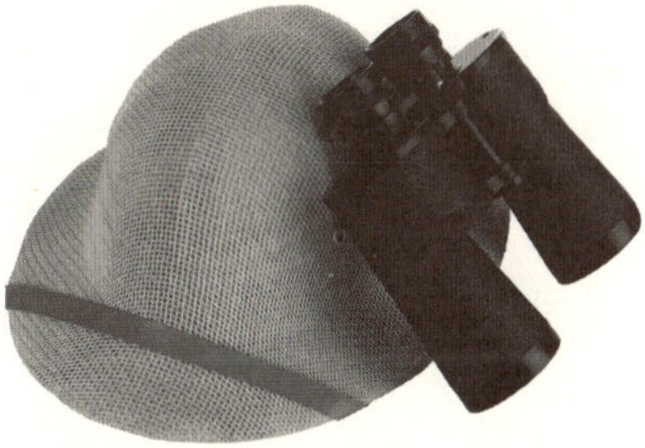

おわりに

ジョン・グアーレは1990年のヒット作品『私に近い6人の他人』のなかで、登場人物の1人にこう言わせた。「どこかで読んだことがあるが、地球上の人間はみな、あいだにわずか6人を挟んでつながり合っているという。……アメリカの大統領であれ、ヴェニスのゴンドラの船頭であれ、同様である。われわれがそんなにも近い間柄であることに、私はとても心が安らぐ気がする」

この「6次の隔たり」の概念は、社会心理学者スタンレー・ミルグラムが1967年に行った、無作為に選んだ100人に対し手紙を知人から知人へ次々と転送してもらうという実験に端を発している。2002年には同様の実験がコロンビア大学の教授たちによって行われたが、このとき使われたのは電子メールであり、166カ国から6万人が参加した。ところが結果はミルグラムの実験とほとんど同様だった。メールは、ある送り手から平均わずか6人の仲介者を挟んで目標の送り手に届いたのである。もっとも、この結果にあなたが心安らぐかどうかは別の問題だけれども。

誰もが知っているとおり世界はどんどん変化しており、その変化の大部分がほかの人との、また雇い主との関係の質によって占められてい

る。コンピュータをはじめ携帯電話やiPodやインターネットによって、私たちはいよいよ個別的で独立した存在になってきている。そして、仕事をするにしろ移動するにしろオフィスを離れたところで多くの時間を過ごすようになり、きわめて長い時間をネットに費やして、仕事のための情報にアクセスしたり同僚や納入業者や顧客とメールをやりとりしたりしているのである。インターネットによって、働く人々はたしかに個別的な存在になったが、共同作業に基づくコミュニティをつくることにもなった。言いかえれば、通例の仕事生活からは以前より遠ざかるようになったが、といって、それほど広い世界の人とつながったわけではないということになる。

ガートナー社（コネティカット州を拠点とする、ハイテク関連の研究・諮問会社）などの専門企業は、そうした進歩によって今後10年のあいだに仕事の質は大きく変わると予想している。社員たちは、インフラや資源を企業に依存しなくなり、独自の作業空間から無形の労務を提供するようになる。また、助言や情報やベスト・プラクティスを得るのに、人々（多くは企業に属さない人たち）のネットワークを頼るようにもなる。

必然的に、企業との関係も変わることになる。自分で選び開発した専門技術のおかげで転職しやすくなり、かろうじて残っていた企業への忠誠心も消えてなくなるだろう。経営者と従業員という従来の権威主義的な関係に替わってコラボレーションするべきだ（できれば、距離的に離れた状態で）と主張するようにもなるだろう。ガートナー社も最近の報告書で述べているが、新たな関係は「共生」の1つになると思われる。実際、パーテーションで区切られた小部屋がずらりと並び、そこで大勢のサラリーマン

社員たちは、インフラや資源を企業に依存しなくなり、独自の作業空間から無形の労務を提供するようになるだろう。

が仕事をするという、今あるような形の会社は徐々に消えてなくなると私たちは思っている。代わりに、バーチャル・コミュニティが登場し、専門家チームを動員して、顧客にとって必要な仕事を引き受けるようになるだろう。

いったいどれくらいの速さで、アメリカはバーチャル・ライフへ移りつつあるのだろう。カイザー・ファミリー財団[1]によれば、1999年から2004年のあいだに、子どもがコンピュータに触れる時間は2倍になり、同時にチャットルームや対話型チャネルやインスタント・メッセージに費やす時間も大幅に増加した。彼らが大人になるころには、オンラインでのつながりは遊びや仕事のために使う当たり前の選択肢だと思えるようになっているだろう。

1）ヘルスケア問題に取り組むアメリカの非営利団体。

しかしながら、これまでに述べたような仕事上の変化が今後どうなるか、今のところはわからない。つまり企業としてはそうした変化に対応する時間がふんだんにあるということだ。リーダーは、経営や支援についての方針を検討し、変更を加えて、企業に依存しなくなってきた社員たちが求めるもっと協調的なものに整えること。変わらない方針は、新しいタイプの働き手にとって満足できるものではない。彼らは、挑戦することを生きがいにしており、専門知識を増やしてくれるだろう創造的な仕事を絶えず求めて

いる。企業としてはさらに、オンライン・ネットワークやコミュニティに気を配り、育てることについて知識を豊富に持つべきだろう。

まずは私たちのウェブサイト、www.wearesmarter.org に参加するのも一手である。

ご記憶と思うが、このサイトについては本書のはじめで紹介した。私たちとしては、メンバーの誰かが私たちのために本書を書いてくれたらと願っていた。それは叶わなかったが、彼らは今も、洞察を提供し、経験やベスト・プラクティスをほかのメンバーと分かち合いつづけている。

本書の読者にもぜひ私たちのコミュニティに参加していただきたいと思うが、それはほかのメンバーの投稿メッセージから、あるいはときおり行われるオフライン・ミーティングから恩恵を得ていただきたいからというだけでなく、読者自身の話を聞かせていただきたいからである。私たちにとってはそれこそが、生み出しうる最高のコミュニティであり、その集団の知力を活用することによっていっそうすぐれた仕事ができるようになると思われるのである。

謝辞

このプロジェクトが前提としていたのは多くの人を創造的な過程に巻き込むことだったので、謝辞を短く記すというのは取り組みがいのある特異な作業だ。ただ、数人の人たちの貢献はたしかに際立っており、スポットライトを当てるにふさわしい。

ピアソン・エデュケーションの部長で、ウォートン・スクール・パブリッシングおよびフィナンシャル・タイムズ・プレスの発行人でもあるティム・ムーアは、私たちがそれを最も必要としているときに、規律をもたらしてくれた。その規律は彼がたびたびくり返したこの言葉に凝縮されている。「さあ、みんな、このコミュニティを立ち上げ、活動させ、そこから生まれる本を完成させるぞ」

ティムとピアソンの人たちは、精神的な面でプロジェクトを引っ張ってくれた。情熱と焦りと励ましの気持ちを 3 分の 1 ずつ持って、この画期的なソーシャル・ネットワーキング・プロジェクトから生まれる、本という実在し目にできる結果へ向かって、私たちを歩ませつづけてくれたのである。ティムが急かしたりこの過程を 1 つの実験として見ようとしたりしてくれたことはとても助けになった。彼とそのチームの励ましや支援に感謝申し上げる。

ドナ・カーペンターとモーリス（愛称モー）・コイルは、調査報告や、コミュニティの投稿メッセージや、ソーシャル・ネットワーキング・マーケットのリーダーたちの書くものに磨きをかけてくれた。彼らは文章のプロであり、その技術は、コミュニティの投稿メッセージを社内ソーシャル・ネットワーキングに関心のある人々にとって読みやすく、また理解しやすいものにする作業において最大限に発揮された。彼ら独自の技術の恩恵を受けた本は本書が最初ではなく、また新興の業界とタッグを組むのが彼らにとってこれが最後ということもないだろう。きめ細やかな作業に対し、深く感謝する。

アイザック・ハザードは私たちのあいだに立って最も困難な仕事をしてくれた。コミュニティの日々の活動ともろもろの関連事項をすべて調整してくれたのである。優雅かつ冷静な仕事ぶりだった、などという表現では控えめすぎるため、こう紹介するのが適切だろう。コミュニティ本位のプロジェクトは絶えず混乱に包まれていたにもかかわらず、アイザックは全員を正しい方向に走らせつづけ、うまい具合にコミュニティを「1 つ」にまとめて機能させてくれた、と。ありがとう、アイザック。

マサチューセッツ工科大学のトム・マローンは、コミュニティの貢献者に謝礼する方法から、コミュニティの英知を得るのに使うオープンソース・ライセンスにいたるまで、コミュニティのさまざまな側面についてその企画に深く関わってくれた。学者らしい規律正しさを議論にもたらしたり、私たちは本を出版するだけでなく他に類を見ない画期的な過程を試みているのだということを思い出させてくれたりもした。疑問やアイデアを提示することによっていっそう強力に私たちを導いてくれたことを、とてもありがたいと思っている。

ウォートンスクールのジェリー・ウィンドは当初からこのコミュニティの斬新な試みを支持してくれており、ウォートン・スクール・パブリッシングの名のもとで本書を出版できることを私たちは誇らしく思っている。ジェリーは、生まれたばかりのアイデアのすばらしさを一瞬で見抜くことができるが、どのような段階のアイデアに対しても価値を加えられるという能力も持ち合わせている。彼のそうした能力のおかげで、とりわけプロジェクトが行き詰まっているときに、私たちは光明を見出すことができた。

最後になったが、私たちが会ったことのない、そして（私たちの知るかぎり）互いも会ったことのない大勢の人たちに感謝を申し上げる。また、コミュニティ・メンバーのうち 10 人が進んで「チャプター・リーダー」になり、各章において議論をチェックしたりみんなを引っぱったりしてくれた。チャプター・リーダーの役割がまだほとんど決まっていないときから、報酬も（今までは）称賛の言葉もないにもかかわらず、しっかりとその役割を果たしてくれた。リリー・エバンズ、ライアン・ミキタ、グレッグ・クラウスカ、マーゴット・セイヤーズ、オリビエ・アンプリモ、ジョー・フルーマーフェルト、リーチ・ルーカー、ブルース・ハザード、メル・アクラロ、ルイ・モンテイロに深謝する。あなたがたがいなければ、プロジェクトが進むことはなかった。

私たちはまたすばらしいチームのみなさんにも万全の態勢で支えてもらった。以下の方々に心よりお礼を申し上げる。

シェアード・インサイツ

マイケル・リベール	ジム・スローラー	アイザック・ハザード
ゲイリー・ベラルディーノ	シャーロット・ダヘル	アーロン・ストラウト
ロビン・ローズ	エリカ・ハロラン	ジョー・トレモンテ
マーク・ウォリス	シャノン・マッケナ	クリス・エドワーズ
シャノン・ディ・グレゴリオ	スティーブン・マーカス	ミア・エンカルナシオン

マーケティング、PR、デザイン

ピーター・ハイムラー	マーク・フォティア	ジャイルズ・ディカーソン

ピアソン・エデュケーション

ティム・ムーア	エイミー・ナイトリンガー	パメラ・ボランド
ラス・ホール	ジュリー・ファイファー	エイミー・ファンドレイ
ミーガン・コルビン	ジーナ・カヌーセ	クリスティ・ハート
シェリル・レンザー	ジェイク・マクファーランド	ダン・ウリグ

ウォートン

キャロル・オレンステイン	ヨラム・(ジェリー)・ウィンド	トレーシー・サイモン
マット・シューラー		

ワードワークス

ドナ・カーペンター	モーリス・コイル	ルース・フラバセク
ラリー・マルツ	シンディ・バトラー・サモンズ	ロバート・W・ストック

マサチューセッツ工科大学

トーマス・マローン	スティーブン・バックリー	ショーン・ブラウン
ポール・デニング	タミー・カプルス	

法律関係

スコット・ソロウェイ		カレン・リバード

チャプター・リーダー

リリー・エバンズ	ライアン・ミキタ	グレッグ・クラウスカ
マーゴット・セイヤーズ	オリビエ・アンプリモ	ジョー・フルーマーフェルト
リーチ・ルーカー	ブルース・ハザード	メル・アクラロ
ルイ・モンテイロ		

顧問

フィリップ・エバンズ		ジミー・ウェールズ

ヘレン・リース・リテラリー・エージェンシー

ヘレン・リース		ジョーン・マズマニアン

● 著者紹介

バリー・リバート
Barry Libert

専門家たちのコミュニティを運営する企業、シェアード・インサイツ US の CEO。マッキンゼー・アンド・カンパニー出身。共著書が 2 冊あり、『フォーブズ』、『ウォールストリート・ジャーナル』、『ニューヨーク・タイムズ』をはじめ、NPR、CNBC、FNN、ブルームバーグ等のテレビおよびラジオ放送局にも精力的に登場。

ジョン・スペクター
Jon Spector

全米産業審議会の会長兼 CEO。20 年にわたって、マッキンゼー・アンド・カンパニーに所属。プリンシパル、ディレクターとして、IT 産業および通信産業の企業戦略や組織化、経営の諸問題に取り組んだ。その後、ウォートンスクール内のエグゼクティブ・エデュケーション副学部長兼ディレクターを経て、現在は、マーチ・オブ・ダイムスや新興企業数社の取締役も務めている。

ほか、本書企画にかかわった多くの人々の名前を、表紙の裏に記載しています。

● 訳者紹介

野津智子
Tomoko Nozu

翻訳家。獨協大学外国語学部フランス語学科卒業。主な訳書に、『仕事は楽しいかね？』（きこ書房）、『外資系キャリアの出世術』（東洋経済新報社）、『シンクロニシティ』（英治出版）、『夢は、紙に書くと現実になる！』（PHP 研究所）、『マジック・ストーリー』（ソフトバンククリエイティブ）などがある。また、『魔法があるなら』（PHP 研究所）をはじめ、心あたたまる小説の翻訳も手がけている。

●英治出版からのお知らせ

本書に関するご意見・ご感想をE-mail（editor@eijipress.co.jp）で受け付けています。
また、英治出版ではメールマガジン、ブログ、ツイッターなどで新刊情報やイベント情報を配信しております。ぜひ一度、アクセスしてみてください。

メールマガジン ：会員登録はホームページにて
ブログ ：www.eijipress.co.jp/blog
ツイッターID ：@eijipress
フェイスブック ：www.facebook.com/eijipress

クラウドソーシング

世界の隠れた才能をあなたのビジネスに活かす方法

発行日	2008年7月26日　第1版　第1刷 2015年5月15日　第1版　第3刷
著者	バリー・リバート、ジョン・スペクター
訳者	野津智子（のづ・ともこ）
発行人	原田英治
発行	英治出版株式会社 〒150-0022 東京都渋谷区恵比寿南1-9-12 ピトレスクビル4F 電話　03-5773-0193　　FAX　03-5773-0194 http://www.eijipress.co.jp/
プロデューサー	秋元麻希
スタッフ	原田涼子　高野達成　岩田大志　藤竹賢一郎　山下智也　鈴木美穂 下田理　田中三枝　山見玲加　安村侑希子　山本有子　茂木香琳 上村悠也　平井萌　足立敬　秋山いつき　君島真由美
印刷・製本	Eiji 21, Inc., Korea
装丁	日下充典

ISBN978-4-86276-035-7　C0034　Printed in Korea

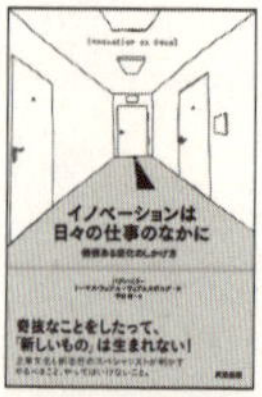

イノベーションは日々の仕事のなかに

価値ある変化のしかけ方

パディ・ミラー、トーマス・ウェデル=ウェデルスボルグ 著　平林祥 訳

こんなに重要性が認識されているのに、こんなに研究が盛んなのに、どうしてイノベーションは起こせない……？ 世界最高峰ビジネススクールIESEのイノベーション実践法！ アイデアを引き出し、育て、実現させる「5つの行動+1」。

定価：本体1,500円＋税　ISBN978-4-86276-191-0

アイデアの99％

「1％のひらめき」を形にする3つの力

スコット・ベルスキ 著　関美和 訳

国内外のトップクリエイターが絶賛！ アイデアの発想法だけに目を向けてこれまで見落とされていたアイデアの「実現法」。誰もがもっているアイデアを実際に形にするための、整理力・仲間力・統率力の3つの原則をクリエイティブ界注目の新鋭が説く。

定価：本体1,600円＋税　ISBN978-4-86276-117-0

サイレント・ニーズ

ありふれた日常に潜む巨大なビジネスチャンスを探る

ヤン・チップチェイス、サイモン・スタインハルト 著　福田篤人 訳

消費者一人ひとりが、朝起きてから寝るまでに何をするのか？ 何に憧れ、何を望み、何を怖れているのか？ 未来のマーケットやビジネスチャンスを見出す方法について、世界50か国以上の10年以上にわたるリサーチ経験から得られた知見が詰まった一冊！

定価：本体1,800円＋税　ISBN978-4-86276-177-4

デザインコンサルタントの仕事術

ルーク・ウィリアムス 著　福田篤人 訳

アイデア出し、ソリューションへの仕上げ方からプレゼン術まで――アップル、マイクロソフト、ディズニーが絶大の信頼を寄せ、IDEOと肩を並べる世界級デザインファームfrogの「常識を破る」ノウハウが詰まった一冊！

定価：本体1,600円＋税　ISBN978-4-86276-192-7

Personal MBA

学び続けるプロフェッショナルの必携書

ジョシュ・カウフマン 著　三ツ松新 監訳　渡部典子 訳

世界12カ国で翻訳、スタンフォード大学ではテキストに採用。P&Gの実務経験、数千冊に及ぶビジネス書、数百のビジネスブログのエッセンスを一冊に凝縮。知識、スキル、人の心と脳と身体、システム思考……ビジネス実践学の体系がここにある。

定価：本体2,600円＋税　ISBN978-4-86276-135-4

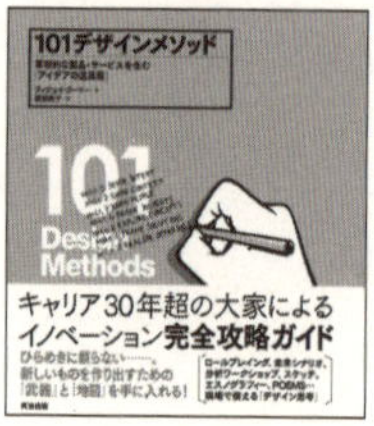

101デザインメソッド

革新的な製品・サービスを生む「アイデアの道具箱」

ヴィジェイ・クーマー 著　渡部典子 訳

デザイン思考の最老舗、イリノイ工科大学デザインスクール発！ 世界中のクリエイター、プランナー、ストラテジスト、デザイナーが注目する先端イノベーション手法「101デザインメソッド」を、キャリア30年超の大家が解説。

定価：本体2,500円＋税　ISBN978-4-86276-175-0

Ed LaBanca Alberto Labarga Christian Labezin Cynthia LaConte Dena Ladner Bruce LaDuke Ira Laefsky Stephen Lahey Jacqueline Lai Benjamin Laimon Ron Laing
Vijay Lakshman Srinivasa Raghavan Lalapet Ashok Lalla Stuart Lally Maurice Lam Robert Lam Robin Lamb Patrick Lambe Rubens Lamel Jonas Lamis Bert Lancaster
Dottie Lancaster Valerie Landau Hanne Landbeck Jonathan Landgrebe Maggie Landis Barbara Landon Thomas Landschof Daisy Landvik Eva Lang Lynn Lang D Terer
Langendoen Ronald Langevin Karen Langlie Carlene Lanier Todd Lappin Michael Laric Daniel Larimer Don Lariviere Joan Larkin Christine Larsen Laura Larson-Huffak
Matt Lasater Burke LaShell Peter Lasinger Hannah Latham Milan Lathia Katherine Lato Albert Tsz Ming Lau Rhett Laubach Robert Laubacher Dale Laughlin Misako
Lauritzen Paul Lavallee Allexe Law-Flood Bonnie Lawlor andy lawrence Katharine Lawrence Nick Lawrence Jessica Layden Nancy Layne John Layten Jeff Lazerus
Karen Leary Carl Leatherman Jr Karen Leavitt Matthew Leavy Dean LeBaron Louis Lebbos Luis Lecanda Gregory Lechkun David Ledgerwood Ann Lee Cheng Lee
Darren Lee Ke-Chung Lee Robert Lee Seung Lee Seungjoo Lee Sungin Lee Peter Leerskov craig lefebvre David L Lehman Juhani Lehtonen Daniel Leidl JUN LEIDO
Alexandra Leigon Jan Marco Leimeister Cosimo Leipold Amy Leis Thomas P. Leisle Jr. Andre Leltao Botelho Raphael Leiteritz Karen Lekowski Eben Lenderking
Michael Lennon Carl Lens Ricardo Lenzi Tombi Louis Leon charles leonard David Leonard Chris Lepard Catharine Leppert Alain Lesaffre Ben Lesh Ben Lesh
Edison Lestari Nathan Letourneau chi chung leung Joseph Leverich Dennis Leveris Natalia Levina Stuart Levine Peggy LeVora Todd Levy Lukasz Lewandowski
Nancy Lewin Bert Lewts Marc Lewis Richard Lewis Gregory Li Jia Li Meng Li Ning Li Xiaobei Li Xiaosong Li Wilson Li Youn Hing Adlinna Liang Tony Liano
Anne Libby Michael Liberson Barry Libert Ellen Libert hal libert Michael Libert Joe Lidoski Bob Ligget Michael Ligudzinski Noelle Lim Edmund Lim Daniel Limbach
R Lind David Lindheimer Dmitry Linkov Bill Linnane Erin Linnihan Jonathan Linowes Alex Linsker neal linson Jaap Linssen Gaetan Lion Gail Lipschitz Luis Gustavo Lir
Christ Lisangan Suzana Lisanti Brad Lishman Veronika Litinski Paul Little Bruce Liu sam liu Juan Livingston Les Livingstone Ph.D. Claudio Lo Piccolo Loy Lobo
ROHAN LOBO Jim Lockington Victoria Loewengart John Loftus S L Loh Marcel Loher Carol Loi Steven Loi Rita Loiotile Mark Lombardi Kevin Long Gulshan Longani
Terri Lonier Brian Loomis Phil Loomis Ronaldo Lopes david lopez Jared Lopez Jose Luis Lopez Enrique Lopez-Gonzalez Michael Lorenca Eric Lorup Julia Loughran
Logan Love Miriam Love Tony Lovgren Simona Lovin Robert Low Bruno Lowagie Eric Lowitt Rhonda Lowry Fabian Lua Jackie Luan Roman Lubynsky Dale Lucas
John Lucas Mark Lucas Ricardo Lucas Hilda Elina Lucci Antonio Lucena de Faria Jeff Luckett Chris Lucksted Kevin Luddy Ruth E Luehr Manuel Luiz Stephan Lukac
Zbigniew Lukasiak Susan Luke Rich Luker Jeffery Lumkes Peter Lundrigan Lycos Lurker Kevin Ly Francis Lynch Simon Lynch elena lytkina Michael Lyu
Thirunavukkarasu M Venkatesh M Zheng Ma Ron Maas Joe Mac Donald Rita Macdonadl James R. MacDonald Hamish MacEwan Neil MacIver Simon Mackenzie
Quentin Mackie Judy MacLean Bruce MacMillan Colin MacMillan Andrew MacNamara Kathryn Macomber Alan MacPhail Scot MacTaggart Bruce MacVarish
JACQUI MACY Satya Dev Madan Murali Maddala Tom Maddox Stewart Mader Neel Madhvani Michael Madison Deanna Maestas Victor Magdaraog Susan Magee
Rohit Mahajan rajagopalan mahalingam Sameh Mahariq kishor maharjan Steve Maher Sachin Mahishi John Mahoney Glenda Maikell Heather Maitre
Svetozar Majstorovic Anirban Majumdar Uttam Majumdar Steven Mak Stan MAKARCHUK Jerry Malec Meeta Malhotra Manish Malik Pushpasish Mallick Thomas Malo
Janice Maloney Rich Maltzman Taylor Mammen Cesar Mamone Community Manager Mickey Mancenido Mark Mandel Alexander Mandl Ralph Manfredo
Chuck Manfredonia Kalyan Mangalapalli Paolo Mangiafico Joan Mangum Manjari Manjari Paula Mann Michael Mannion Dan Mannisto Mirko Manojlovic
Michael Manojlovich Rogerio Manso SOLEDAD MANZI Isaac Mao June Marchand gustavo marchisone Yannis Marcou Bob Marcus MICHAEL MARCUS Owen Marcus
Simon Marcus Stephen Marcus Nivaldo Tadeu Marcusso Arcadio marcuzzi Michael Margolis Sheila Margolis tom marini Danielle Marino Janna Markle Micah Markma
Bill Markmann Eric Markowitz Christian Marks jim marks peter markulis james marley ismail marmoush Leslie Marqua José Marques Alexandre Marques dos Santos
nestor marquez Agustin Marreins Greg Marsh Mike Marsh Steve Marsh Bob Marshall Dr. Edward Marshall Elisha Marshall Stephen Marshall Stewart Marshall
Patrizia Marsura Robert Martens Carlos Marti Birgi Martin Donald Martin Joel Martin Jonna Martin Mary Jo Martin Michele Martin Dave Martindale Thomas Martine
Jose Martinez John Martino Amanda Martin-Palmay Pedro José Santos Martins Konrad Marx John Masanda Robert Mascarenas Fabio Masetti Elliott Masie
Marilyn Mason Chris Masse Mick Mather Paul Mathew Saurabh Mathur Samir Matkar Jonathan Matkowsky Lyes Matmatte Jose Matos Craig Matteson
David Matthews Nicola Mattina Mari Mattsson Caroline Maun Vincent Maurin Amelia Maurizio John May Robert May Thomas May Fernando Maya Christian Mayau
Bessie Mayes Kelly Mayes mark mayhew Edward Mazze Daniele Mazzocchi Christiane Mazzola Sam Mbale mhairi mcalpine Colin McCall-Peat Terry McCamish
Brian McCarthy Diane McCarthy Douglas McCarthy Paul McCarthy John McCauley marta mccave Leona McCharles lynn McCollough Alan McCord Phil McCormick
Scott McCormick Mack McCoy Joe McCraw Ellen McCullough Jeff mccullough s mcd James McDaniel Andy McDermott Richard McDermott Brian McDonald
Dennis McDonald Mary McDonald Julan McDonough Des McEttrick Kevin McEvoy Ken McGaffin william mcgauley Carolyn McGibbon Ray McGlew Richard McGlynn
James McGovern Fergal McGrath Patia McGrath Sean McGrath Bill "McGRATH, Ph.D." James McGregor Blake McGuire Ginger McGuire Robert McIlree Marta McIlroy
Thaddeus McIlroy Bob McInnis Sean McIntyre Mary McKaig Jake McKee Blanca McKelvey Bill McKenna Matt McKenna Shanon McKenna Shanon McKenna
Shanon McKenna allan mckeown William McKibbin Arnie McKinnis Rich McLafferty Michael McLaughlin Drew Mctellan Chelsea McLennan Freddie McMahon
Brandon McNamara Ken McNamara Jeff McNeili Jacob McNulty Robert McPherson Catherine mcquaid Jeff McQuillan Daniel McShane Traai Me Sean Mead
Vince Mease Julie Medero Ryan Meffert girish mehendale bhavin mehta Puneet Mehta Shreejay Mehta Jim Meier Kevin Meier anthony meigides Raeline Meilak
jeanne Meister Andreas Meiszner Stevan Meizlish yahya melhem yahya melhem Charlie Melichar Greg Meline Andy Meltzer Brock Meltzer Sidney Mendelson
Jose Mendoza Rodrigo Mendoza Anzures Leif Meneke Joao O Menezes Meredith Mengel Milan Merhar Marcel Merola Bruce Merrifield jonathan merril Michele Merrit
Darlene Meskell Trevor Messam Curtis Metz melissa metz Andrew Meyer Patrice Meyers Bretislav Micek Stephen Michaele Dean Michaels Ron Michalak
Markus Michels Sergej Middendorp Prankul Middha Tom Mierzwa Bakhtiar Mikhak p miki Ron Milam Gerald Milden Joe Miles joe miles Matt Miles Scott Miles
Udo Milkau Bev Millar Bill Miller Brett Miller Joseph Miller Michael Miller Michael Miller Nuno Miller PatrickMiller Rex Miller Ryan Miller Suzy Miller Terry Miller
Andreas Milles John Milner Andrew Miner Christine Miner Patrick Miner Martin Minnich Michael Minor ROBERTO MIRANDA Abe Mirrashidi Anil Mishra
Sanjaya Mishra Rishi Mistry Christine Mitchell Ed Mitchell Joe Mitchell Lynn Mitchell Phil Mitchell Atul Mitra Arata Mitsumatsu Navin Mittal Nttin Mittal
Usman Y. Mobin Kathrin Moeslein Sean Moffitt Joseph Mognon Armando Moguel y Anza Mirghani Mohamed Idris Mohammed Michelle Mohr Michelle Mohr
Kok-Wah Moi Heng Ngee Mok Corey Moles Andrew Molgaard Matthias Möller John Molnar Vicki Momary Henrique Monnerat Enrique Monreal Richard MonsonHaef
JohnMonteiro Rui Pedro Alves Monteiro S N Mookherjee Anne Moon Greg Moon Seongkeun Moon Brian Moore ElisaMoore Erin Moore John Moore John Moore
Roger Moore Steve Moore Taylor Moore Tim Moore Timothy Moore Anthony K. Moore Renee Moorefield FABIANO MORAIS Jorge Morales Lori Moran Cruz Moreno
Federico Moreno Toni Moreno Cole Morgan Dennis Morgan James Morgan Thomas Morgan Vicki Lynne Morgan marco morgenstern Sean Morley Michel Morneau
Meron Moroz Colleen Morris Daniel Morris jeremy morris Gordon Morrison Charles Morrissey Maurizio Morselli Lawrence Mortenson Geoffrey Morton-Haworth
David Mosby martina moscone Travis Moses-Westphal William Mosher tom moylan Keerthy Muddahanumaiah Beth Mueller Eric Mueller Bob Muenster Scott Muglia
Khalid Muhammad Paras Mukadam Sandeep Mukherjee Jean Mulford John Mullen mark mullen christopher muller Joy Mullett Kiki Mulliner Atty Mullina
Lynne Muiston Brian Mulvaney Melody Mumbauer Brent Mundy Charles Munhall Juan Carlos Munoz Boudeguer Joyce Munro CB Murali JEAN-JACQUES MURAMA
Yoshinori Murano Kazuyoshi Muroya Dale We > Me Murphy Erik Murphy Jay Murphy Ryan Murphy Art Murray Brian Murray Karla Murray Michael Murray
Mary Murrell ASN MURTHY Deepak Murthy Madhav Murti SK Murugaiyan dickson musslewhite Tina Mustachio Carl Muth Roger Mutimer Joram Mwinamo
Stephanie Myara Lee Myers Ryan Mykita Sriram N A Andrej Nabergoj Ravi Nadig Yogesh Nagappa Yiftach Nagar Morgan Nagarajan Vinay Nagaraju
Murli Nagasundaram Steve Nagel Rajeev Nagpal Levine Naidoo Hemanta Naik Damu Nair riyad najada Tatsuya Nakagawa Byron Nakano Kevin Nalty Myungsoo Nar
SREENIVAS NAMANI Shuvabrata Nandi kumar nangea Adolfo Naranjo Gonzalo Naranjo Samira Naranjo popsi narasimhan Nanjangud Narendra Vaishali Naroola
Adriana Narvaez rajiv narvekar James Nasser Andrew Nassir Enda Nasution Shobha Nat Joseph Natale Ramani Natarajan Ramesh Natarajan Ashish Nath chandra nath
Gerhard Jan Nauta Crlstina Nava Mark Neely Iya Nefedov Kenneth Neher Andy Nehl Greg Neichin Michelle Neil James Neilson Robert Neilson Trevor Nel Colleen
Nelson Eric Nelson Glen-Eric Nelson Leonard Nelson Shiba Nemat-Nasser Kurt Nemes Daniel Nerezov Dwayne Nesmith Greg Ness jean-patrice netter mark neumanr
Dilli Neupane michael neuvirth Oliver Neville karen new David Newkirk Bruce Newman Kevin Newman Kathryn Newsome Floyd Newsum Daniel Newton Genevieve
Ng Ana-Maria Nicolae Georgette Nicolaides B. Nicolini Nidu Nidu mark nieker Iiro Niemi jesus pablo nieto lopez-sidro ruben nieuwenhuis Harkamal Nijjar Brian Niles
William Nisen Susan Nittmann Peter Njiru henry nobibux Charles Nobles Kynan Noesjirwan Luca Nogara Katsuya Noguchi Nuno Nogueira Ales Nohel Leslie Nolen
Nayaz Noor Dan Novak Kae Novak Randy Noval Yael Nowogrodski Siyabulela Ntutela Tony Nublado Kenneth Nuckois Christie Nudelman Jon Nugent fabiano nunes
Chuck Nyren Simon O Mahony Maria O Donovan Clare O Brien John O Brien B.L. Ochman Ed O Connell Shannon OConnor Albert O Connor Andrea O Connor
marga odahowski Liam O Doherty Sean O Driscoll Michael Odza Seyoung Oh Anurag Ojha Ken Oka Donal O Keefe Malcolm O Keeffe chris okoye Takashi Okubo
Mikael Olsson Bill O Luanaigh Joanna O Neil Patrick O Neil Jim O Neill Thuan Lip Ong Caner Onoglu Kelley O Patry Darby Orcutt Robert O Regan Raul Orellano
carol orenstein bruna ori Sean O Riordain Bill Orr Benjamin Orthlieb Alvaro Jose Ortiz Santamaria Iris Ortner Lynn R Osborn Lance E. Osborne Prof. Dan O Shea
Ahmed Osman Michael Oster Fredrik Osterberg Anna Owsiany Ali Ozgenc Ulises Pabon Barbara Paciotti Mary Packard Suresh Padmanabhan Mark Page Lou Paglia
Rajendra Pai Seema Pai Larry Paine Fernando Palacios Ganapathy Palanisamy Luis Palma Mark Palmer Nathaniel Palmer Rali Panchanatham Nikhil Pande Krishna Kant
Pandey Rakesh R. Pandey Sohil Pandya Vipin Pangeni frank panhandle Hector Paniagua Mary Panttaja Elizabeth Papp Vijeesh Papulli Sridhar Parameshwaran
Siva Parameswaran Rupa Parekh Margie Parikh Suchit Parikh Hyeon Jin PARK MIN AH PARK Wonbae Park Jacqualin Parker Kellie Parker Steve Parks Gopal Parmeswar
Julie Parr Michael Parsells Sundar Parthasarathy Mike Pascucci Edna Pasher Kate Pasicznyk Matt Pasiewicz Andrew Pasmant Joseph Pasquariello Vishwas Passi
Tina Pastelero Lynne Pastor Jaime Pastrana ron pat Brijesh Patel dhiren patel Mo Patel niraj patel Paresh Patel Parth Patel Rod Patershuk steve paterson
Pradnya Pathak Henry Patner Tamara Paton rui patricio Tristyn Patrick keith patterson Anne Pauker-Kreitzberg Laura Finnerty Paul Sarup Paul VICTOR PAUZA Bo Pawli
Steve paxhia Carry Paxinos Thomas Payne Dennis Pearce Lisa Klein Pearo Milton Pedraza Laura Pedrick rylan peery W.J. Pels Scott Peluso Christina Pena
Sergio Peñaloza Natalie Penney Catherine Pennington Ivan Pepelnjak Marcelo Peralta Orlando Pereda David Peregrine-Jones Joel Pereira Jason Perez Jose Perez
luis perez Giulio Perin anna perinic Bradley Perkins Tamsen Perks Judith Perle Howard Perlmutter Jason Perron Dave Perry John Perry Tim Perry Douglas Persson
Aaron Peters StevenRay Petersen Dave Peterson Gregory Peterson Mark Peterson Terry Ann Peterson cindy petitt Joey Petrosino Fredrik Pettersson Christy Pettit
Scott Pevey Kai Pfox Rory Pheiffer Karen Phelan Jerry Phelps Darin Phillips Dr. Bert Phillips Kent Phillips LORNA PHILLIPSON John Philpin Polona Pibernik Joe Picard
John Picard Claudio Piccardo Nancy Picchi Leo Plccioli ARTHUR PICCOLO Debra Piehi Pertti Pielismaa andrea pilati Venu Pillai Harish Pillay Keith Pimental
Sharatchandra Pinapati Lewis Pinault Kara Pinegar Koo Ping Shung Tom Pipal J. Norberto Pires Robert Piret Costa Pissaris Michal Piszczek Chris Pitchess Donna Pitteri
Taymar Pixley Michael Platt Richard Platt Georg Pleger Scott Plocharczyk Scott Plocharczyk Henrique Plöger Abreu Andrew Plumb Philip Pochoda
Sridhar Poduri Pierre Poirier Ravi Pokhriyal Rick Pollack paolo polverosi vadim polyakov Santiago Pombo Julio Sebastian Ponieman Shweta Ponnappa Andrea Pontiggia
Devin Poolman jakanath poosekar Ben Pope Adelle Popolo George Por Mitch Posada Clara Poles-Fellow Paul Power Will Powley Rahul Prabhakar Adarsh Prabhu
Shrikantha Prabhu Om Prakash Jason Pramas Michael Preiss Charles Prescott LeeAnn Prescott Steve Preston Javier Preto Susan Price Scott Priestley Scott Prieto
Nola Prieto-Ogar Theunis Prinsloo LaVern Pritchard Joe Procopio hans pronk Ralph Protsik shannon prue Bis Puhan Piere Antony Pulido Guerrero Richard Pulik
Ravindranath Pulukuri Prabal Purkayastha Andres Purriños Harold Putman Jumanah Qaimari Tahir Qazi Eric Quanstrom Mohammad Jahirul Quayum Patrick Quinlan
Theresa Quintanilla Humberto Quinteros g r John Raabe Mike Rabbitte richard rabins Muriel Rabu John racovelli Kathleen Rader Raluca Radu Mohammed Raei
John Raezer Chitra Raghunath Keyvan Rahmatian Reena Rai Deborah Raines John Rainford nitin raizada Sundara Rajan Sharath Rajasekar Kunal Ramaiya
Anantha Ramakrishnan Arvind Ramakrishnan Setvanayagam Ramalingom Hari Ramamurthy Balasubramanian Ramaswamy Parvathi Ramesh Gabriel Ramini Vanessa Ramo
Shilpa Ramteke Candi Randolph Prem Ranganath Rajrv Ranganath Atul Rangarajan JP Rangaswami Shabbir Rangwala David Rankin Nayan Ranpura gayatri rao
Nirmal Rao Nishant Rao Rahul Rao Tushar Rao labbe raphael Julie Raptis Charlie Rasko Piyush Rastogi Bharat Rathi Digvijay Singh Rathore Raghvendra Rathore
Jayseaare Ratliff Cecilia Rauek Ahsan Rauf Lisa Raufman yannick rault Gilad Ravid Ashwin Ravikumar Prasad Ravilla Rishi Rawat partha pratim ray Duane Raymond
romain raynal John Rea Timothy Rea William Reade Douglas Reay Allison Reece Connie Reece Kathleen Rand Reed Leslie Reed Shields Howard Rees Peter Rees
jessica rees-jones Darin Reffitt John Reichel karen reichstein Ian Reid Walter Reid Philip Reimann Carlos Reis Ranato Reis Mahip Rekhani Don Rekko Bruno Relic
joni rendon vinaitheerthan renganathan Brandon Rennels Scott Rennie Vlado Répinec Sandy Ressier Romuald Restout Adail Retamal Yves Retiot Amali Revuelta